# Redentraining

D1735127

# Redentraining –

## Aufbau, Botschaft, Rhythmus – so gelingt der Vortrag

**von Eckart D. Stratenschulte**

**Kürschners Politikkontakte**

**Kürschners Politikkontakte**
Redentraining von Eckart D. Stratenschulte
ISBN 978-3-95879-034-6
EPUB 978-3-95879-042-1
MOBI 978-3-95879-043-8

Umschlaggestaltung, Layout: Kim Sen-Gupta, Frankfurt/Main
Satz: Schröder Media GbR, Dernbach
Gesamtherstellung: medienhaus Plump, Rheinbreitbach
Titelfoto: Anton Gvozdikov – Fotolia

Anschrift der Redaktion:
Kürschners Politikkontakte
Postfach 1560, 53585 Bad Honnef
E-Mail redaktion@kuerschners.com
Telefon: 02224 3232
Datenbank www.kuerschner.info

# Inhalt

# Redentraining,
## das Buch, der Autor, das Training

## Das Buch

Es wurde von Eckart D. Stratenschulte geschrieben, in 5 Hauptkapitel aufgeteilt, einfach und prägnant formuliert, dem Ganzen sind die „10 Goldenen Regeln für eine gute Rede" vorangestellt. Die Idee war und ist, mit besonderem Blick auf Reden im politischen Umfeld Grundwissen zu vermitteln, Theorie und Praxis zu erläutern, Tipps und Erfahrungen weiterzugeben. Wer es gelesen hat, nimmt manches mit.

Das Buch möchte Sie darüber hinaus sensibilisieren, ja geradezu auffordern, für sich selbst zu überlegen und zu prüfen, ob nicht ein Redentraining ein guter vorausschauender Weg ist, sich entweder für den Fall der Fälle vorzubereiten oder aber eigene Erfahrungen zu vertiefen. **Der Autor** jedenfalls steht mit all' seiner Erfahrung für ein professionelles Redentraining sehr gerne zur Verfügung.

## Das Training

Im praktischen Training üben Sie unter Live-Bedingungen den gesamten Ablauf einer Rede. Nach einer intensiven Vorbesprechung wird eine Rede erarbeitet und analysiert, während der Rede werden Sie gecoacht und im Anschluss verbessert. Dabei werden ganz besonders die Wirkungsweisen Ihrer Rede auf Veranstalter und Publikum beobachtet und ausgewertet. Viele praktische Tipps und Anleitungen ergänzen das professionelle Redentraining.

Als Leiter der Europäischen Akademie Berlin und Professor für Politische Wissenschaft an der Freien Universität Berlin ist Eckart Stratenschulte erfahrener Vielredner, nutzen Sie dieses Wissen für sich und Ihr Team.

Weitere Informationen und Links zur Kontaktaufnahme finden Sie unter stratenschulte-consulting.eu oder kuerschners.com

Nun wünschen wir Ihnen eine interessante Lektüre!

**Kürschners Politikkontakte**
Berlin, April 2017

# Dieses Buch schreibe ich für alle,

die vor der Aufgabe stehen, eine Rede zu halten oder eine Rede zu schreiben – sei es für sich selbst, sei es für jemand anderen.

Der Mensch ist Dialog. Die Digitalisierung hat in alle Bereiche unserer Gesellschaft Einzug gehalten, aber dennoch kommt der Rede, der direkten Ansprache von Menschen durch Menschen, dem Austausch in Foren, Seminaren und anderen Veranstaltungen weiterhin eine überragende Bedeutung zu.

Viele Menschen müssen regelmäßig oder gelegentlich vor einem Auditorium sprechen, und nicht jedem fällt das leicht. Man exponiert sich vor anderen, gegebenenfalls sogar sehr vielen Menschen, die man mit einer Botschaft erreichen will, die einen anschauen, die einen vielleicht auch nicht anschauen, sondern mit ihrem Mobiltelefon spielen, und denen man sich nun mit seinem Auftritt ausliefert.

Für die eigene Präsentation, von der Körpersprache bis zur Modulation der Stimme, gibt es viele Ratgeber und Trainings. Diese Rhetorik ist jedoch nicht der Gegenstand des vorliegenden Buches. Hier geht es vielmehr darum, wie man eine Rede richtig schreibt. Mit einer gut konzipierten Rede haben auch unsichere Sprecher ein Sicherheitsnetz, das ihnen garantiert, selbst bei einem Aussetzer nicht ins Leere zu fallen.

Viele Menschen in Verwaltungen und Verbänden werden im Laufe ihres beruflichen Alltags gebeten, „mal schnell" für ihren Chef eine Rede zu verfassen. Sie verfügen in ihrem Bereich zweifellos über Fachwissen – aber etwas wissen und es in eine Rede gießen können, sind zwei Paar Stiefel.

„Die perfekte Rede", „So wird jede Rede ein Erfolg", „Überzeugen Sie alle und jeden" – so oder ähnlich lauten die Titel von Ratgeberbüchern, die sich auch mit dem Redenschreiben befassen.

Bei Übertreibungen rate ich zur Vorsicht. Nicht jede Rede kann „perfekt" sein. Man müsste sich auch erst einmal darüber verständigen, was Perfektion in diesem Zusammenhang bedeutet. Und ob eine Rede gelingt, das heißt, ihr Ziel erreicht, hängt natürlich nicht nur vom Sprecher und vom Text ab, sondern auch von weiteren Faktoren, auf die der Redner keinen Einfluss hat. Wenn der Versammlungsraum zu heiß oder zu kalt ist, wenn von draußen Lärm eindringt, wenn der Geruch eines leckeren Büffets schon durch die Reihen zieht, wenn die Mikrofonanlage nicht richtig funktioniert, wenn ..., wenn ..., wenn ... Es kann viel geschehen und nicht auf alles kann man sich vorbereiten. Umso wichtiger ist es aber, das zu tun, was man tun kann.

Des Redners größter Feind ist er selbst. Er, der Feind, flüstert ihm, dem Redner, vorher ins Ohr: „Alle gucken dich an, du kannst das nicht, das geht schief, du verhaspelst dich, das wird peinlich, zwischendurch weißt du nicht mehr weiter, die Leute lachen dich aus, dein Platz ist hinter dem Schreibtisch, nicht hinter dem Rednerpult" und so weiter. Das Ergebnis dieser gemeinen Einflüsterungen ist die Angst aufzutreten oder zumindest Lampenfieber. Ein gut ausgearbeitetes Manuskript, das man zudem vorher einmal ausprobiert, löst nicht alle Probleme, die man mit sich selbst hat – aber es verringert sie. Ansonsten ist es wie mit Fahrradfahren oder Sprachenlernen: Übung macht den Meister. Nach jeder Rede wird das Lampenfieber geringer. Bei manchen verschwindet es ganz, bei anderen bleibt ein Rest davon zurück, der aber beherrschbar ist und zudem vor Übermut warnt.

Man liest gelegentlich in Ratgebern, man müsse auf jede Minute Redezeit einen Tag Vorbereitung verwenden. Wenn man diese unrealistische Forderung durchdenkt, würde es bedeuten, dass man bei 220 Arbeitstagen im Jahr nichts anderes machen könnte, als 220 Minuten lang Reden zu halten, also zwischen sieben und zehn Reden im Jahr vorbereiten und von sich zu geben. Ich glaube nicht, dass es viele Menschen gibt, deren Lebensrealität das widerspiegelt. Der gutgemeinte Rat zielt tatsächlich auf Entmutigung. Er bedeutet nämlich: Wenn Sie nicht einen ganzen Monat lang Zeit haben, eine Rede vorzubereiten, dann geht das sowieso schief, lassen Sie es also lieber. Glücklicherweise ist der Rat falsch. Richtig ist, dass eine gute Rede in der Vorbereitung Zeit und Mühe kostet. Aber wie viel, das hängt von vielen Faktoren ab – auch vom Zeitbudget desjenigen, der die Rede schreibt.

Dazu soll dieses Buch eine Anleitung geben. Es basiert auf jahrzehntelanger Erfahrung mit dem Halten und Anhören von Reden. Andere Ratgeberbücher, die es natürlich gibt, raten Ihnen an manchen Punkten dasselbe, an anderen aber Abweichendes. Ist das eine richtig und das andere falsch? Wohl nicht. Die Erfahrungen sind unterschiedlich, die Herangehensweisen verschieden. „Alle Wege führen nach Rom", sagt eine gebräuchliches Sprichwort. Nun, nicht alle Wege führen zu einer guten Rede, aber sicherlich verschiedene. Einen Weg, meinen Weg, möchte ich Ihnen durch dieses Buch vorstellen. Es geht dabei, ich wiederhole mich, um das Schreiben von Reden, nur ganz am Rande auch um deren Aufführung. Vor Ihnen liegt also in gewisser Weise ein Kuchenrezept. Aber backen und servieren müssen Sie selbst. Wenn das Rezept jedoch stimmig ist, ist eine wichtige Voraussetzung schon geschaffen.

Eine Rede beginnt nicht, wenn die Rednerin den Mund öffnet und auch nicht, wenn der Redenschreiber die erste Zeile schreibt. Es sind nämlich einige Vorarbeiten nötig. Damit beginnt dieses Buch, anschließend behandelt es den Aufbau einer Rede, den Stil und den Umgang mit Zitaten. Vorangestellt finden Sie „10 Goldene Regeln zum Abfassen einer Rede", die in den Kapiteln näher erläutert werden.

Dieses Buch richtet sich an Frauen und Männer und handelt gleichermaßen von ihnen. Eine grammatische Form denkt also die andere mit und schließt sie ein. Die „Zuhörer" können männlich oder weiblich sein, die „Rednerinnen" auch. Der besseren Lesbarkeit wegen habe ich darauf verzichtet, jeweils beide Geschlechtsformen zu benennen. Sätze wie „Die Rednerinnen und Redner sollten beim Abfassen der Rede immer an ihre Zuhörerinnen und Zuhörer denken und gegebenenfalls ihre Redenschreiberinnen und Redenschreiber entsprechend instruieren." sind grammatisch und politisch korrekt, leserinnen- und leserfreundlich sind sie nicht.

Wer damit hadert, kann in einer engagierten Rede dieser Praxis widersprechen. Wie man die Rede aufbaut, findet er oder sie auf den nächsten Seiten.

Ihr

## 10 Goldene Regeln für eine gute Rede

1.  Eine Rede beginnt nicht mit dem ersten Wort, sondern mit einer Analyse.
    → 1. KAPITEL

2.  Eine gute Rede erfüllt die Erwartungen des Auditoriums, und geht über sie hinaus.
    → 1. KAPITEL

3.  Man sollte immer mehr wissen, als man sagt.
    → 1. KAPITEL

4.  Die gesamte Rede zielt darauf ab, zwei Botschaften zu vermitteln, eine inhaltliche und eine persönliche.
    → 2. KAPITEL

5.  Wer nicht überzeugt ist, ist nicht überzeugend. Die Authentizität des Sprechenden ist eine wesentliche Grundlage des Erfolgs.
    → 2. KAPITEL

6.  Für die Argumentation liegt die Kunst in der Beschränkung.
    → 2. KAPITEL

7.  Die Zuhörenden messen das Gewicht eines Arguments auch an der Länge innerhalb der Rede.
    → 2. KAPITEL

8.  Eine gute Rede argumentiert nicht nur, sie liefert den Zuhörern auch etwas Neues.
    → 2. KAPITEL

9.  Originalität ist ein wichtiges Element der Glaubwürdigkeit eines Redners.
    → 3. KAPITEL

10. Eine gute Rede ist immer maßgeschneidert.
    → 3. KAPITEL

# 1. KAPITEL

## Analyse

### Worum geht es eigentlich? Der Blick nach außen

- Wie lauten Thema und Titel der Rede?
- In welchem Rahmen soll die Rede gehalten werden?
- Wer ist der Veranstalter und was erhofft er sich von der Rede?
- Was erwarten die Teilnehmer und warum ist das Thema für sie wichtig?
- Wo soll die Rede gehalten werden, wie ist der Veranstaltungsraum ausgestattet?
- Welcher Ablauf der Veranstaltung ist vorgesehen und wie hoch sind die Risiken, dass er nicht eingehalten wird?
- Was ist das politische Umfeld der Rede?
- Was ist das geografische Umfeld?
- Vor welchen Herausforderungen steht die Zielgruppe?

Eine Rede beginnt nicht mit dem ersten Wort, sondern mit einer Analyse. Es reicht bei weitem nicht aus zu wissen, worüber geredet werden soll – auch wenn diese Information schon einmal hilfreich ist. Aber darüber hinaus sind verschiedene Punkte zu eruieren.
Die erste Frage gilt dem Thema, das klingt erst einmal recht banal, weil offensichtlich. Manchmal kann ein Redner das Thema selbst wählen, oftmals wird er auch mit einem genauen Thema angefragt. Aber man muss das Thema nicht nur genannt bekommen oder festlegen, sondern auch erfassen.

Das Thema ist in einen Titel gegossen. Gut ist es, wenn man – was häufig der Fall ist – die Möglichkeit hat, auf die Formulierung des Titels Einfluss zu nehmen. Man kann dann gleich die Akzente unterbringen, die man gerne betont sehen möchte. Sollte das nicht möglich sein, muss man mit dem Titel leben, wie er gestellt wurde. Das ist manchmal leicht machbar, manchmal auch eher frustrierend. Auf keinen Fall sollte man den Titel zu Beginn seiner Rede jedoch kritisieren.

> **So nicht:**
> *„Leider geht der Titel von einem Irrtum aus."*
> *„Ich bin mit dem Titel nicht sehr glücklich, weil ..."*
>
> oder gar:
> *„Der Titel zeigt genau die Ignoranz, mit der wir bei diesem Thema immer zu kämpfen haben."*

Der Veranstalter hat Sie eingeladen, zu diesem Titel zu sprechen. Entweder Sie tun es oder Sie nehmen das Redeangebot nicht an. Auch die Zuhörer sind ja mit diesem Titel angesprochen worden und erwarten, dass der Redner dazu etwas sagt. In dem Fall, in dem man mit dem Titel unzufrieden ist, sollte man ausweichen.

> **Besser:**
> *„Im Titel schwingen ja schon viele interessante Aspekte mit, auf die ich im Weiteren eingehen möchte."*
>
> oder:
> *„Der Titel stellt mir eine interessante Aufgabe, die ich gerne annehme."*

Ob Sie dann wirklich den Titel „abarbeiten" oder eine Rede halten, die in eine andere Richtung geht, ist oftmals nicht so erheblich. Am Ende der Rede werden Sie danach beurteilt, ob Sie das Auditorium erreicht haben, nicht ob in Ihrem Beitrag exakt der Titel der Rede abgefilmt wurde. Aber auf diese elegante Umgehungsart vermeiden Sie die Konfrontation und den Gesichtsverlust beim Veranstalter, dem Sie ja mit der Titelkritik sagen würden: „Leider sind Sie zu dumm, einen vernünftigen Titel zu formulieren."

Wenn Sie Einfluss auf den Titel der Rede haben, versuchen Sie ihn möglichst spritzig zu formulieren. Der Titel ist ja die Werbung für die Rede, und Werbung sollte ansprechen. Gut ist ein Titel mit einem eher reißerischen und einem nüchternen Teil – so werden alle Bedürfnisse befriedigt.

„Brexit sei Dank" bürstet die landläufige Auffassung, dass das
Ausscheiden Großbritanniens aus der EU für diese eine Katastro-
phe sei, gegen den Strich. Das generiert Aufmerksamkeit, wie ja
immer das Ungewöhnliche dafür sorgt, dass wir aufmerken. Und
„Die EU startet durch" heißt: Wir sprechen über die Zukunft der
Europäischen Union und in dieser Zukunft liegen Chancen.

Die erste Frage lautet:
*Um welches Thema geht es und wie ist der Titel formuliert?*

Nehmen wir ein Beispiel, das sich durch das vorliegende Buch
ziehen wird. Die Festrede zum Thema „75 Jahre Freiwillige Feuerwehr Bommelbach". Dieses Thema wird unserem fiktiven Redner
Max Mustermann gestellt. Er weiß also, worüber er reden soll –
aber eigentlich weiß er noch nichts. Immerhin hat er durch die
Anfrage erfahren, dass es in Bommelbach eine Freiwillige Feuerwehr gibt, die offensichtlich seit 75 Jahren besteht. Bevor er
festlegen kann, wie er sich dem Thema nähert, muss er weitere
Fragen klären.

Die zweite Frage lautet:
*„Vor wem soll ich reden?"*

Jede Rede muss auf die Zielgruppe zugeschnitten sein. Sie ist nur
gut und wirkungsvoll, wenn sie die Adressaten erreicht und das
heißt, wenn sie sie anspricht. Das geht aber nur, wenn man weiß,
um wen es sich handelt. Es ist ein Unterschied, ob man vor einer
Kinder- oder vor einer Seniorengruppe steht, ob man zu Menschen
mit einer berufspraktischen Ausbildung oder Akademikern spricht,
ob die Zuhörenden von dem Thema etwas verstehen oder sich
eine Einführung in einen Bereich erhoffen. Wer denkt, er müsse

das nicht wissen, er sei immer gut, hat schon verloren. Man sollte sich bemühen, über die Zuhörenden so viel wie möglich herauszufinden. Bei Politikern erlebt man das öfter als einem lieb sein kann, dass sie eine für sie vorbereitete Rede halten, die völlig am Publikum vorbeigeht. Da spricht der Minister vor Fachleuten, die in täglicher Arbeit die Kooperation im Donauraum organisieren, und erzählt ihnen, dass die Donau ein langer Fluss sei – keine Neuigkeit für die Experten, tatsächlich ist die Donau mit rund 2.850 km der zweitlängste Fluss in Europa. Bei den Zuhörern bleibt als Eindruck hängen: Da weiß einer nicht, vor wem er spricht und speist uns mit Lexikonwissen ab.

Zurück zu unserem Beispiel aus Bommelbach: Falls es sich bei dem Auditorium um Angehörige der Freiwilligen Feuerwehr und deren Familienmitglieder handelt, ist eine ganz andere Rede gefragt als wenn man junge Menschen adressiert, die dafür gewonnen werden sollen, sich freiwillig bei einer Feuerwehr zu engagieren. Tatsächlich haben die Freiwilligen Feuerwehren große Nachwuchsprobleme, eine solche Rede wäre also nicht verkehrt. Oder will man politische Entscheider ansprechen, die Landrätin, Kreistagsabgeordnete, Menschen deren politische Unterstützung man benötigt? Es könnten auch Unternehmer sein, die man um Sponsoring für die Arbeit der Feuerwehr oder für ein bestimmtes Ereignis „Tag der offenen Tür" oder Projekt „Integration von jungen Flüchtlingen in die Feuerwehr" gewinnen will.

Die dritte Frage lautet:
*In welchem Rahmen soll die Rede gehalten werden?*

Als nächstes muss man untersuchen, was der Rahmen der Veranstaltung ist, während der geredet werden soll. Handelt es sich um eine Festveranstaltung, um eine Fachtagung oder um ein Event, bei dem verschiedene Aktivitäten und Projekte vorstellt werden sollen? Aus der Antwort auf die ersten beiden Fragen lassen sich also schon Rahmenbedingungen bestimmen, die wichtig aber noch nicht hinreichend sind. Je nach Charakter der Veranstaltung haben die Zuhörenden auch unterschiedliche Erwartungen: Sie wollen geehrt werden und sich gewürdigt sehen – etwa Festveranstaltung der Feuerwehr –, sie wollen informiert werden – etwa wie hat die Freiwillige Feuerwehr Bommelbach ihre Arbeit im Vergleich zu anderen Freiwilligen und Berufswehren organisiert und was hat sie aus ihrer 75-jährigen Geschichte gelernt? – oder sie wollen überhaupt interessiert werden, weil sie sich mit dem Thema nie beschäftigt haben – etwa Veranstaltungsreigen, in dem die Stadt Bommelbach am Tag der offenen Tür ihre Vereine und Projekte vorstellt.

Die vierte Frage lautet:
*Was sind die Erwartungen der anderen an die Rede?*

Daraus kann man die Erwartungen der Zuhörenden destillieren. Eine gute Rede erfüllt die Erwartungen des Auditoriums, und geht über sie hinaus. Dazu später mehr. Die Zuhörer sind nicht unbedingt identisch mit den Veranstaltern, also mit denjenigen, die den Redner einladen oder buchen. Daher ist es elementar wichtig, auch die Interessen und Erwartungen der Veranstalter kennenzulernen. Diese Erwartungen können sehr unterschiedlich sein. Da gibt es Unternehmen, die ihre Jahresversammlung für treue Kunden mit einer Rede eines Gastreferenten aufwerten wollen. Der eigentliche Zweck der Veranstaltung ist es, die Kunden an das Unternehmen zu binden und ihnen den Geschäftsbericht vorzustellen. Da das alleine wenig Interesse erzeugt, wird es von einer Rede eines externen Sprechers sowie einem schönen Buffet eingerahmt. Die Erwartung der Veranstalter ist also, dass der Redner die Teilnehmer intellektuell unterhält, sie dürfen nicht gelangweilt, aber auch nicht unter Niveau angesprochen werden. Was der Redner inhaltlich sagt, ob er sich beispielsweise für oder gegen den Austritt Großbritanniens aus der EU ausspricht, für oder gegen Erziehungsgeld, ist den Veranstaltern gleichgültig, solange es nicht ihre geschäftlichen Interessen berührt.

Eine andere Erwartung hat der Veranstalter einer Bildungseinrichtung wie beispielsweise der Urania oder einer Volkshochschule. Auch ihm ist im Zweifelsfall egal, ob der Redner sich für oder gegen die Europäische Währungsunion ausspricht, aber er erwartet eine differenzierte Auseinandersetzung mit dem Thema, die den Zuhörenden ermöglicht, sich eine eigene Meinung zu bilden.

Eine Parteitagsrede ist wieder etwas ganz anderes. Hier soll nicht differenziert werden, hier geht es nicht darum, Zweifel zu säen, sondern im Gegenteil, solche zu zerstreuen oder gar nicht erst aufkommen zu lassen. Die Zuhörenden, in der Regel Parteimitglieder, sollen auf eine gemeinsame Sache oder einen Wahlkampf eingeschworen werden, die anwesende Presse soll merken, dass die Partei vor Selbstvertrauen strotzt.

Zurück zur Freiwilligen Feuerwehr Bommelbach. Hier fragt der Vorstand den Redner für einen Festvortrag an. Das Thema, das ihm eingefallen ist, lautet etwas phantasielos: „75 Jahre Freiwillige Feuerwehr Bommelbach". Nun kann der Redner versuchen, für den Titel eine attraktivere Formulierung vorzuschlagen, beispielsweise: „Feuer, Sturm und Hochwasser: Bommelbach ist gut geschützt – 75 Jahre Freiwillige Feuerwehr."

Die Zielgruppe – Frage 2 – sind Feuerwehrfrauen und -männer und ihre Familienangehörigen. Die kennen das Geschäft der Brandwehr besser als der Redner und möchten bei einer Festveranstaltung – Frage 3 – für ihr ehrenamtliches Engagement gewürdigt werden. Das ist auch die Erwartung – Frage 4 – des Vorstandes, der weiß, dass eine solche Ehrung die Mitglieder motiviert und dass diese Motivation wiederum die Voraussetzung für das Engagement ist, auf das die Gemeinde, die sich keine Berufsfeuerwehr leisten kann, angewiesen ist.

Die fünfte Frage lautet:
*In welchem Kontext steht die Rede und wie lang ist meine Redezeit?*

Wichtig ist es auch, den organisatorischen Kontext, in dem die Rede gehalten wird, zu kennen. Ist sie Teil eines Redenreigens, zu dem auch mehrere andere Redner – etwa die Landrätin, der Bürgermeister, der Brandmeister, die Landtagsabgeordnete, der Chef der örtlichen Sparkasse – beitragen, oder steht die Rede im Mittelpunkt der Veranstaltung? Solche Programme folgen in der Regel einer genauen Dramaturgie, in die man sich als Redner einfügen muss. Wenn, um ein extremes Beispiel zu nennen, der Bundespräsident einer der Redner ist, ist völlig klar, dass er der

„Star" der Veranstaltung ist, alle anderen Redner sind gewissermaßen die „Vorgruppe". Entsprechend muss man seine Rede zeitlich und inhaltlich gestalten.

Man liest manchmal Empfehlungen, sich als Redner über vorgegebene Redezeiten hinwegzusetzen. „Wenn Sie etwas zu sagen haben, sagen Sie es. Achten Sie nicht auf die Zeit, ziehen Sie die Zuhörer in Ihren Bann!" In dieser Art wird man gelegentlich beraten – und zwar schlecht. Tatsächlich sollte man die vorgegebene Redezeit unbedingt einhalten, sie sogar eher etwas unterschreiten. Die Gründe liegen auf der Hand: Die Rede ist in eine Veranstaltung eingebaut, bei der viele Faktoren zusammenspielen. Da gibt es Grußworte, weitere Reden, eine Musikaufführung und schließlich noch ein Buffet oder einen kleinen Empfang. Für die gesamte Organisation besteht ein Ablaufplan, auf den die anderen Redner, die Musiker und die Catering-Firma mit ihren Beiträgen aufbauen. Vor allem aber: Die Fähigkeit des Auditoriums, ruhig zu sitzen und zuzuhören, ist beschränkt. Zuhören ist anstrengender als Lesen. Beim Lesen kann man einen Augenblick Pause machen oder auch noch einmal zurückblättern. Beim Zuhören geht das nicht. Das ist wie der Unterschied zwischen einem Fußballspiel live und im Fernsehen. Im Fernsehen wird die Torszene noch drei oder vier Mal gezeigt, von vorne und von hinten, in Zeitlupe und kommentiert. Wenn man da gerade in der Sekunde, in der der Ball im Netz versenkt wurde, unachtsam war, ist es nicht tragisch. Man kann die Szene noch einmal sehen. Verfolgt man das Spiel im Stadion und guckt gerade nicht hin, wenn der Stürmer schießt, hat man Pech gehabt. Eine Rede mutet dem Rezipienten daher mehr zu als ein Artikel es tut. Darauf muss man als Redner Rücksicht nehmen.

Auf keinen Fall darf man die Erwartung der Zuhörenden, dass die Rede nach X Minuten endet, wie es im Programm steht, unterlaufen. Weitere Argumente, die dem Redner natürlich immer einfallen, um seine Sache zu vertreten, führen dann nicht zu mehr Zustimmung, sondern eher zu dem Gedanken „Ja, doch, es ja gut jetzt, hör auf!"

Man sollte die Rede unbedingt selbst ausprobieren. Wenn man sie nämlich auf dem Papier oder am Computerbildschirm überfliegt, kostet das sehr viel weniger Zeit. Eine normale DIN A 4-Seite, in Schriftgröße 11 oder 12 und mit Zeilenabstand $1^1/_2$ ergibt einen Redetext von $2^1/_2$ bis 3 Minuten. Eine 30-minütige Rede hat also einen Textumfang von 10 bis 12 Seiten. Mehr nicht.

Die sechste Frage lautet:
*Welche Risiken schlummern im geplanten Programmablauf?*

So perfekt die Abläufe von Veranstaltungen geplant sind, so häufig geschieht es doch, dass sich etwas verzögert und Sie plötzlich als dritter Redner zu dem Zeitpunkt überhaupt erst beginnen können, für den eigentlich schon das Buffet vorgesehen war. Nun könnte man sich als Redner sagen: „Das ist mir doch egal, ich bin für die Organisation nicht verantwortlich und mir wurde eine Redezeit von 30 Minuten zugestanden." Allerdings ruiniert man damit den Effekt, den man mit der Rede eigentlich erzielen möchte. Die Zuhörer können nämlich auch nichts für die Verzögerung, sie haben Hunger, wollen noch mit Bekannten reden oder müssen zum Bus. Positiv kommt dann ein Redner an, der seine Rede verkürzt. Allerdings muss er das wirklich tun und nicht – wie es leider oft geschieht – lediglich ankündigen, er wolle sich kurz fassen, um dann gnadenlos vorzulesen, was er sich aufgeschrieben hat. Auf die Floskel „Ich will mich kurz fassen." sollten Sie generell verzichten. Fassen Sie sich lieber kurz!

Je besser Sie das Thema beherrschen, desto leichter fällt es Ihnen, Ihre Rede einzudampfen und dennoch die wichtigsten Punkte angemessen zu berücksichtigen. Es empfiehlt sich, solche Verkürzungen schon einzuplanen. Sie können Sie im Text beispielsweise farblich unterlegen. Bereiten Sie in dieser Hinsicht Ihre Unterlagen sorgfältig vor. Die Teile, die notfalls ausgelassen werden können, sollten jeweils auf eigenen Seiten stehen, so dass Sie das Manuskript leicht weiterblättern können und nicht auf jeder Seite schauen müssen, ob da noch etwas drauf steht, was unbedingt erwähnt werden muss. Achten Sie darauf, dass die Bezüge auch noch stimmen, wenn die markierten Teile nicht vorgetragen werden können.

Läuft alles nach Plan, können Sie die Rede wie konzipiert halten. Zwingen äußere Umstände Sie zu kürzen, lassen Sie die vorher markierten Teile weg. So gelingt es Ihnen, auch bei knapperer

Redezeit die Botschaft zu übermitteln. Die Alternative dazu ist eher unerfreulich: Sie beginnen Ihre Rede normal und werden dann vom Moderator oder der Unruhe im Saal zur Verkürzung gezwungen, die schließlich darin besteht, dass Sie den letzten Teil weglassen beziehungsweise paraphrasieren. Damit wird die Rede ungleichgewichtig, Sie nehmen viel Anlauf und springen kurz. Da ist es schon besser, den Eventualfall einzuplanen. Wenn er nicht eintritt: umso besser.

Die siebte Frage lautet:
*In welchem (verbands)politischen Kontext steht die Rede?*

Zur vorbereitenden Analyse gehört auch die Erfassung des Umfeldes, in dem die Rede steht. Zuerst muss man sich fragen, was das politische oder verbandspolitische Umfeld der Rede ist, die da gehalten werden soll. Greift man mit dem Thema in eine laufende und gegebenenfalls kontroverse öffentliche und verbandsinterne Debatte ein, stärkt man damit eine bestimmte politische oder verbandspolitische Position? Das kann man ja durchaus machen, man sollte es aber vorher wissen und nicht ahnungslos in ein Minenfeld der Auseinandersetzungen stolpern, die mit dem Redner unter Umständen gar nichts zu tun haben. Oft geschieht dies, wenn eine Partei oder ein Verband externe Expertise anfordert und deshalb jemanden von außerhalb um einen Vortrag bittet. Man kann davon ausgehen, dass die Rede dann weniger auf die inhaltlichen Punkte abgeklopft wird als darauf, welche Seite nun durch die Ausführungen gestärkt worden ist.

Die achte Frage lautet:
*Was muss ich über den Ort wissen, an dem ich spreche?*

Wichtig ist auch eine geografische Umfeld-Analyse, wenn die Rede nicht im Heimatort gehalten wird, mit dem Redner und Zuhörer gleichermaßen vertraut sind. Der Landtagsabgeordnete, der in Bommelbach spricht, sollte etwas über Bommelbach wissen und daraus auch mögliche Problemlagen für seine Rede identifizieren. Nehmen wir an, Bommelbach sei ein Ort in Mittelhessen mit 3.000 Einwohnern, der aber über Stadtrechte verfügt, die ihm Großherzog Bogomil der Großzügige 1319 gewährt hat. Die Gemeinde ist also nicht sehr groß, aber die Bürgerinnen und Bürger sind stolz darauf, als einzige Stadt im Bommeltal der Mittelpunkt desselben zu sein. Der Strukturwandel hat vor dem Städtchen nicht halt gemacht, die ortsnahe Industrie ist geschrumpft, die Eisenbahnlinie in die Kreisstadt eingestellt. Mehr und mehr junge Leute verlassen daher den Ort. Für die Freiwillige Feuerwehr ist dies ein Problem, da damit das Reservoir an Menschen, die bereit sind mitzumachen, kleiner wird. Dass generell junge Menschen weniger Neigung zeigen, sich in solchen Verbänden zu engagieren, kommt erschwerend hinzu. In Bommelbach hat es in den letzten fünf Jahren immerhin acht Mal gebrannt. Ein Brand war richtig groß, da er das örtliche Sägewerk betraf, zweimal mussten Menschen aus brennenden und verrauchten Häusern gerettet werden. Das alles muss man nicht wissen – wenn man aber eine Rede vor der örtlichen Feuerwehr hält, schon. Wer sich diese Umfeldanalyse spart, kann als Redner nicht reüssieren. Sätze wie „Ich weiß ja nicht, ob es bei Ihnen in den letzten Jahren überhaupt mal gebrannt hat, aber ...") kommen schlecht an, wenn der Ort noch unter dem Eindruck des Sägewerkbrandes steht.

Die neunte Frage lautet:
*Was beschäftigt die Zuhörenden im Zusammenhang mit dem Thema?*

Aus der Umfeldanalyse kann man auch ableiten, vor welchen Herausforderungen die Zielgruppe steht, also was sie im Kontext des Themas beschäftigt oder was als Aufgabe vor ihr liegt. Die Erwartungen, die die Zuhörenden oder Veranstalter in die Rede setzen, können sehr unterschiedlich sein. Es mag sein, sie sind an Lösungen interessiert, wie sie mit dem Problem umgehen können, es mag auch sein, sie möchten im Rahmen einer Festveranstaltung gelobt werden für das, was sie in den letzten Jahren geleistet haben.

Die zehnte Frage lautet:
*Ist wegen des Themas oder der gesamten Veranstaltung Widerstand in Teilen der Öffentlichkeit zu erwarten?*

Zur Analyse gehört schließlich die Abklärung, ob die Rede – sei es durch den Inhalt, sei es durch die Tatsache der Rede oder der gesamten Veranstaltung als solche – in Teilen der Öffentlichkeit auf Widerstand stoßen könnte. Dies ist bei einer Festrede über die Freiwillige Feuerwehr im Allgemeinen nicht zu erwarten. Aber nehmen wir ein anderes Beispiel: eine Gedenkrede auf einem deutschen Soldatenfriedhof im Ausland. Es gibt eine große Zahl solcher Grabstätten, über 800 werden vom Volksbund Deutsche Kriegsgräberfürsorge gepflegt und auf vielen finden auch Gedenkveranstaltungen statt. Hier ist die Situation schwieriger. Die meist jung gestorbenen deutschen Soldaten sind Opfer des Krieges, aber sie waren oftmals auch Täter. Da ist es nicht selbstverständlich, dass die Bevölkerung eines Ortes, dessen Bevölkerung durch die Soldaten dezimiert wurde, derer jetzt gedacht werden soll, einer solchen Veranstaltung mit Begeisterung oder auch nur stiller Anteilnahme folgt. Die Gefühle und Bedenken, die bei einem entsprechenden Ereignis im Raum stehen, müssen vorher aufgespürt und in der Rede auch thematisiert werden. Sonst erreicht man mit dem Gedenken keine Versöhnung, sondern facht den Hass neu an. Durch die Umfeldanalyse kann man Sensibilitäten aufspüren, die zu kennen und gegebenenfalls zu erwähnen oder zu umschiffen für den Erfolg der Rede wichtig ist. Ist, um wieder zu unserem Beispiel zurückzukehren, die Existenz der Freiwilligen Feuerwehr bedroht und falls ja, an wen müsste man appellieren, die Auflösung der Feuerwehr nicht zuzulassen? Fehlt der Nachwuchs oder mangelt es an politischer Unterstützung?

75 Jahre Freiwillige Feuerwehr Bommelbach: Wird die Rede 2017 gehalten, heißt das, die Freiwillige Feuerwehr wurde 1942 gegründet. Das war mitten im Zweiten Weltkrieg und zu der Zeit, in der der Krieg anfing, auch das deutsche Territorium zu treffen. War die Gründung der Feuerwehr eine Antwort auf alliierte Angriffe und daraus resultierende Brände? War sie ein Versuch, der herrschenden Nationalsozialistischen Deutschen Arbeiterpartei (NSDAP) eine weitere Vorfeldorganisation zu schaffen? War der „Feuerwehrhauptmann" ein strammer Nazi, der die Feuerwehr entsprechend geführt hat, oder ein unpolitischer Experte, dem daran lag, die Brandwehr aus der Politik herauszuhalten? Lag der Gründung der Gedanke der nationalsozialistischen Regierung zugrunde, Grundelemente einer lokalen Verteidigung zu schaffen, die zwei Jahre später dann im „Volkssturm" mündete? Als die Freiwillige Feuerwehr 1942 gegründet wurde, woher nahm sie die

Freiwilligen, wenn die Männer zwischen 18 und 50 Jahren im Kriegsdienst waren?

Mit diesen Fragen sollte man sich befassen, bevor man in Bommelbach ans Rednerpult geht. Das bedeutet nicht, dass es unbedingt erwähnt werden muss, aber der Redner sollte es wissen.

Auch für eine Rede gibt es Tabus, sprachlicher und inhaltlicher Art. Diese Tabus sind keine Einschränkung, sondern eine Leitplanke, die verhindert, dass die Rede – und mit ihr der Redner – in den Graben fährt. Die Tabus werden durch guten Geschmack und gesellschaftlichen Anstand definiert. Dass man Menschen mit Behinderungen nicht lächerlich macht, dass man keine Fäkalsprache verwendet – das sind Selbstverständlichkeiten. Aber es gibt auch Bereiche, über die man nicht sprechen sollte, die mit der speziellen Situation des Redeumfelds, der Organisation, die die Rede veranstaltet, oder des Auditoriums zu tun haben. Man sollte sich in der Vorbereitung mit dem Umfeld so weit beschäftigen, dass man sicher sein kann, nicht in irgendwelche Fettnäpfchen zu treten. Abgesehen davon, dass das ja keiner gerne tut, ruiniert man damit auch den Wert der Rede. Dann kann man sich den Aufwand gleich sparen und in der Zeit lieber spazieren gehen.

Die Umfeldanalyse dient dazu, die Rede in den richtigen Kontext einzubetten. Sie sollte nicht dazu genutzt werden, den Zuhörern nach dem Motto „Herr Lehrer, ich weiß was" eine Reihe von Fakten zu präsentieren, die diese sowieso kennen. Im Gegenteil: Man sollte immer mehr wissen, als man sagt. Nur so, hat man auch noch Proviant für die eine der Rede gegebenenfalls folgende Diskussion.

Zu jeder Rede, gerade wenn man sie für andere schreibt und nicht selbst vorträgt, sollte es ein Briefing-Papier geben, in dem solche Hintergründe benannt werden. Das muss und sollte keine 20-seitige Seminararbeit sein, aber eine kurze Information, die den Redner davor bewahrt, in Fallen zu tappen, von deren Existenz er keine Ahnung hat.

## Worum geht es eigentlich? Blick nach innen

> – Was soll durch die Rede erreicht werden?
> – Wie lautet die Botschaft?
> – Bezieht die Botschaft sich auf den Inhalt oder auf die Person des Redners?
> – Wie soll der Redner wahrgenommen werden?

Nicht nur das Publikum und die Veranstalter haben Interessen, die sie durch die Rede gewahrt sehen wollen, der Redner hat ebenfalls Ziele, die er erreichen will. Der Redner ist kein neutrales Wesen, er vertritt mit jeder Rede auch sich selbst. Darüber sollte er sich klar sein und seine eigene Position in die Vorab-Analyse einbeziehen. Aufbau und Aussagen der Rede hängen davon sehr stark ab. Ein Interesse ist natürlich, dass er eine Botschaft vermitteln will, aber das ist nicht alles.

Nehmen wir einen Parteitag, bei dem die Kandidatinnen und Kandidaten für die nächste Wahl benannt werden sollen. Die Bewerber treten mit Reden auf, sie sprechen zur Sache, aber ihr Hauptinteresse ist es, beim Publikum gut anzukommen und den Eindruck, den die Zuhörenden vom Redner haben, entweder zu verstärken oder zu konterkarieren. Da möchte die schillernde Kandidatin unter Beweis stellen, dass sie etwas von der Materie versteht, sich also seriös positionieren, während der etwas graue Fachmann, dem die sachliche Kompetenz sowieso zugestanden wird, darauf abzielt, als locker, modern und nahbar „rüberzukommen". Das jeweilige Positionierungsinteresse hat aber weitreichende Konsequenzen für den Aufbau und den Inhalt der Rede. Während die „bunte" Kandidatin Fachausdrücke benutzt und Berichte und Gutachten anspricht, die zu einem Thema vorliegen, befleißigt sich der „graue" Kandidat einer bilderreichen, jugendorientierten Sprache und spielt mit Ironie, im besten Fall auch mit Selbstironie.

Es kann andererseits für den Redner auch darum gehen, eine in ihn gesetzte Kompetenzerwartung zu erfüllen. Der Professor will und muss professoral auftreten, von ihm wird erwartet, dass er

Zusammenhänge aufzeigt, die vielleicht nicht so offensichtlich sind und die den Zuhörern einen „Aha-Effekt" bescheren. Auch wenn er locker auftritt, muss er immer durchscheinen lassen: Ich kann auch anders.

Nichts ist peinlicher, als wenn ein Redner versucht, sich einem Publikum anzupassen und dabei Sprache und Verhalten einer Zielgruppe imitiert, zu der er nicht gehört. Regelmäßig erlebt man das bei Erwachsenen, die vor Jugendlichen sprechen und sich vermeintlichen Jugendjargons bedienen. Die einzigen, die das „cool" finden, sind die Redner selbst. Das Publikum wendet sich gelangweilt oder belustigt ab. Es fühlt sich in keiner Weise angesprochen, weil es das Gefühl hat, hier nimmt jemand die Zuhörenden nicht ernst, sondern denkt, er könne sie mit ein paar Sprüchen gewinnen.

Wird ein Redner, bleiben wir bei einem Professor, für eine Rede – in der Regel gegen Honorar – gebucht, hat er verständlicherweise ein Interesse daran, seinen Vortrag so zu gestalten, dass die Zuhörenden damit zufrieden sind – und er zu weiteren Veranstaltungen eingeladen wird. Ob er über den Irak-Krieg oder den Afghanistan-Krieg redet, ist dabei ziemlich einerlei.

Der Landtagsabgeordnete, der zum Thema „75 Jahre Freiwillige Feuerwehr" in Bommelbach spricht, hat als wesentliches Interesse, von den Bürgerinnen und Bürgern – und das heißt: von den potenziellen Wählerinnen und Wählern – als kompetent, verständig, bürgernah und engagiert wahrgenommen zu werden. Das Thema ist ihm eigentlich gleichgültig, er hätte auch über „700 Jahre Stadtkirche oder „50 Jahre Bahnhofsmission" gesprochen. Anmerken lassen darf er sich das natürlich nicht.

Jeder Redner muss sich also, bevor er anfängt seine Rede zu konzipieren, fragen:
Was will ICH erreichen,
wie will ICH beim Publikum ankommen,
was ist meine persönliche Botschaft?

Viele Reden werden nicht von denen gehalten, die sie schreiben. Die gesellschaftlich herausgehobenen Persönlichkeiten in der

Bundes- oder einer Landesregierung oder in den Vorständen großer Unternehmen haben ihre eigene Redenschreiberabteilung. Die Redenschreiber kennen natürlich auch die Intentionen derjenigen, für die sie arbeiten.

Aber oftmals werden Reden von Mitarbeiterinnen und Mitarbeitern aufs Papier gebracht, die nicht speziell dafür eingestellt sind, sondern über die Fachkompetenz in einem bestimmten Bereich verfügen. Sie werden nun plötzlich zu Redenschreibern. Auch sie müssen sich die Fragen bezüglich der Rednerin oder des Redners stellen: Was ist das Ziel der Rede, wie soll sie auf das Publikum wirken und welche persönliche Botschaft soll übermittelt werden – auch wenn der Auftraggeber diese gar nicht mitteilt. Natürlich sagt der Landtagsabgeordnete in der Regel nicht zu seinem Mitarbeiter „Schreiben Sie irgendwas zu dem Thema auf, ist mir egal, Hauptsache ich komme groß 'raus!", sondern eher „Bitte erstellen Sie eine interessante Rede für mich." Dabei muss der Redenschreiber auch die Persönlichkeit des Auftraggebers im Auge haben. Ein 25-jähriger Universitätsabsolvent spricht anders als ein 65-jähriger Ex-General. Wenn der aber die Rede hält, muss nicht nur der Inhalt, sondern auch der Sprachgebrauch darauf ausgerichtet sein. Außerdem muss man die rhetorischen Fähigkeiten des Redenden berücksichtigen. Bestimmte Pointen zünden nur, wenn sie richtig vorgetragen werden. Traut man das dem Redner nicht zu, lässt man sie besser weg. Ein fremdsprachiges Zitat mag eine Rede bereichern, aber nur, wenn der Redende es auch richtig aussprechen kann. Falls nicht, nimmt man besser gleich die deutsche Übersetzung, da der Redner sonst mit der schlechten oder gar fehlerhaften Aussprache nicht besondere Weltläufigkeit, sondern Provinzialität als Bild von sich vermitteln würde.

Die gesamte Rede zielt darauf ab, zwei Botschaften zu vermitteln. Die eine ist inhaltlich „Wir müssen mehr junge Leute für die Freiwillige Feuerwehr gewinnen", die andere persönlich „Ich bin der Politiker, der sich um euch kümmert und versteht, wo euch der Schuh drückt." Beide Botschaften muss der Redenschreiber – konzipiert er die Rede für sich oder für einen anderen – im Auge behalten.

## Analyse des Umfelds der Rede

| Diese Fragen sollte man (sich) stellen | ... und die Antworten notieren. |
|---|---|
| Was ist das Thema? | |
| Wer ist der Veranstalter? | |
| Wie lautet der Titel? | |
| Kann man auf den Titel Einfluss nehmen? | |
| Wo soll die Rede gehalten werden – Ort? | |
| Was ist das Thema der Rede? | |
| Was sind die Erwartungen des Veranstalters? | |
| Was erwarten die Zuhörer? | |
| Über welches Vorverständnis verfügen die Zuhörer? | |
| In welchem organisatorischen Kontext steht die Rede? Zahl der Reden, Gesamtrahmen der Veranstaltung, Reihenfolge? | |
| Ist wegen des Themas oder der Veranstaltung mit öffentlichem Widerstand zu rechnen? | |
| Wieviel Redezeit steht zur Verfügung? | |
| Wie groß ist die Gefahr der Verkürzung der Redezeit? | |
| Wie ist der Raum ausgestattet? Pult? Mikrofon? Sitzen die Teilnehmer oder stehen sie? | |

## Analyse der eigenen Positionierung durch die Rede

| | |
|---|---|
| Was ist mein Ziel als Redner? | |
| Was sind die Erwartungen des Publikums in Bezug auf mich? | |
| Wie will ich vom Publikum wahrgenommen werden? | |
| Will ich die Erwartungen des Publikums erfüllen oder will ich sie konterkarieren? | |
| Welche Sprachebene ist die für das Publikum angemessene? | |

# 2. KAPITEL

## Botschaft und Argumente

### Die Botschaft

> - Was ist die Botschaft der Rede?
> - Was ist die Ich-Botschaft des Redners?
> - Was soll die Rede erreichen?
> - Wie lautet der Kernsatz der Rede?

Wer kennt das nicht? Der Redner redet und redet, dauernd scheint ihm noch etwas Neues einzufallen. „Und ... und ... und ..." Am oftmals herbeigesehnten Schluss der Rede ist der Zuhörer ratlos. WAS wollte er jetzt eigentlich sagen? Eine Botschaft war nicht erkennbar. Beim Zuhörer hat die Rede nichts ausgelöst – außer Erschöpfung.

Dem Redner ist es offensichtlich nicht gelungen, die Botschaft der Rede zu übermitteln. Die persönlichen Ziele, also sich selbst in einer bestimmten Rolle – etwa als fachkundiger Politiker, als Experte, als unterhaltsamer Wissenschaftler – zu profilieren, wurden ebenfalls nicht erreicht.

Eine Rede besteht aus verschiedenen Bestandteilen, aber sie transportiert immer eine Botschaft. Der Redner will nicht nur etwas sagen: Er will beim Publikum etwas erreichen. Man stelle sich eine hervorragende Rede vor, die Menschen vorgetragen wird, die die Sprache des Redners nicht beherrschen. Die Wirkung ist null, der Redner hat nichts bewirkt, die Rede ist überflüssig. Ihren Zweck erfüllt sie nur, wenn sie die Zuhörer erreicht, sprachlich und inhaltlich. Das Ergebnis der Rede muss sein, dass sich bei den Zuhörenden nach der Rede etwas verändert hat, und zwar im Sinne der Botschaft. Auch deshalb sind die Analysen vor Beginn eines Redenentwurfs so wichtig. Was will ich, dass bei den Zuhörern nach dem Anhören meiner Rede geschehen sein wird? Diese Frage muss jeder sich stellen, der vor ein Publikum tritt.

Die Rede sollte inhaltlich nur eine Botschaft haben, die aber muss völlig klar sein. Die gesamte Rede dient lediglich dazu, diese eine Botschaft zu übermitteln. Man muss sich daher, bevor man beginnt, eine Rede zu schreiben, sehr genau überlegen, was die Botschaft sein soll. Oftmals wird der Fehler gemacht, mehrere Botschaften in einer Rede unterbringen zu wollen. Auf den ersten Blick sieht das zwar gehaltvoll aus, tatsächlich reflektiert es jedoch die mangelnde Bereitschaft oder Fähigkeit, sich auf eine zentrale Aussage zu konzentrieren.

Dabei darf die Botschaft nicht mit den Inhalten und Themen verwechselt werden. Eine Politikrede oder eine Regierungserklärung schneidet immer mehrere Inhaltsfelder an. Aber es gibt nur eine Botschaft. Bei der Regierungserklärung ist die klar: „Wir, die Regierung, erkennen die wichtigen Probleme und haben die richtigen Lösungen, weswegen ihr, die Bürgerinnen und Bürger, bei uns in guten Händen seid." Alle inhaltlichen Erläuterungen – zur Gefahrenabwehr und zur Rentenreform, zur Bildung und zum Klimaschutz – stützen diese eine Botschaft.

Heutzutage sind die sozialen Medien ja von großer Bedeutung, Nachrichten werden schnell per WhatsApp oder Twitter weiterverbreitet. Dem soll hier nicht das Wort geredet werden, aber es ist, wenn man beginnt, eine Rede zu konzipieren, eine gute Überlegung, ob die Botschaft, die die Rede transportieren soll, so klar ist, dass sie sich in einem Kurztext übermitteln lassen kann. Nur dann können Zuhörerinnen und Zuhörer, die anschließend von anderen gefragt werden: „Was wurde denn gesagt?", eine eindeutige Antwort geben, sonst können sie zwar – wenn sie denn zugehört haben – referieren, worüber der Redner gesprochen hat, aber eben nicht, was er gesagt hat und was er eigentlich wollte.

Eine klare Botschaft in der Sache ist auch die Voraussetzung dafür, die Botschaft über sich selbst, die Ich-Botschaft, vermitteln zu können. Wenn die Zuhörenden anschließend nicht wissen, was in der Rede gesagt wurde, werden sie die Rednerin oder den Redner auch nicht als kompetent einschätzen.

Die Botschaft ist der Grund der gesamten Rede, die insgesamt darauf hin konzipiert werden sollte, sie zu vermitteln, sie gewissermaßen „einzuhämmern". Die Rede, von der Einleitung bis zum Schluss, dient nur dazu, diese Botschaft zu vermitteln. Solange die Botschaft nicht klar ist, sollte man nicht beginnen, die Rede niederzuschreiben. Wer nämlich nicht weiß, wohin er will, kommt auch nicht an. Die Ausgangsüberlegung bei der Festlegung der Botschaft ist nicht: „Was will ich sagen?", sondern: „Was will ich, dass sich beim Publikum durch diese Rede verändert? Was ist für die Zuhörer anders als vorher, nachdem sie meine Rede angehört haben?" Eine Rede zielt immer auf die Wirkung beim Publikum.

Gut ist es, wenn der Redner einen Kernsatz bilden kann, der die Botschaft transportiert und der in der Rede mehrmals wiederholt wird. Damit wird es dem Zuhörer auch leichter, den Faden wieder aufzunehmen, wenn er einen Augenblick unaufmerksam war.

Kehren wir zu unserem Beispiel der Rede zum Thema „75 Jahre Freiwillige Feuerwehr Bommelbach" zurück: hier sind ganz unterschiedliche Botschaften möglich. Es kann sein, dass der Sprecher die Freiwillige Feuerwehr für ihren Einsatz loben will.

---

**Botschaft:**
Ihr seid tolle Kerle und wir sind euch für euer Engagement dankbar!

**Kurznachricht:**
„Redner anerkennt Engagement der FF und dankt im Namen der Gesellschaft dafür."

**Kernsatz:**
„Ehrenamtlich Tätige sind ehrenwert."

---

In einem anderen Kontext mag es darum gehen, neue Freiwillige für die Feuerwehr zu gewinnen.

> **Botschaft:**
> Ehrenamtliches Engagement in der Freiwilligen Feuerwehr ist für die Gesellschaft wichtig und für den einzelnen lohnenswert.
>
> **Kurznachricht:**
> „Engagement in der FF hilft dem, der sich beteiligt, und der Gesellschaft."
>
> **Kernsatz:**
> „Wer der Gesellschaft hilft, hilft sich selbst."

Vielleicht steht die Freiwillige Feuerwehr jedoch mit der Gemeinde oder dem Landkreis in Konflikt um die Erneuerung ihrer Infrastruktur.

> **Botschaft:**
> „Die Arbeit der Freiwilligen Feuerwehr und damit der Schutz der Bürger sind gefährdet, wenn die Feuerwehr nicht durch zusätzliche Investitionen unterstützt wird."
>
> **Kurznachricht:**
> „Feuerwehr steht vor dem Kollaps, wenn Gemeinde nicht finanziell hilft."
>
> **Kernsatz:**
> „Ohne Schutz gibt es keine Zukunft."

Vielleicht ist der Redner jedoch ein politisch Verantwortlicher, der die Ansprüche der Feuerwehr abweisen muss. Dann würde es so aussehen:

> **Botschaft:**
> Wir sehen euer großes Engagement und danken euch dafür, leider können wir diesen Dank jedoch nicht materiell unterfüttern, da andere dringende Aufgaben in der Gemeinde zu erfüllen sind.

> **Kurznachricht:**
> „Arbeit der FF ist ein Teil der Aufgaben der Gemeinde, die sie wie die anderen Bereiche im Blick hat."
>
> **Kernsatz:**
> „Die Vielfalt der kommunalen Aufgaben erfordert eine Vielzahl an Maßnahmen."

Dasselbe Thema kann also ganz unterschiedlich aufbereitet werden, je nachdem, was man sagen möchte. Problematisch ist es, wenn man sich vorher keine Gedanken darüber macht, was man denn nun wirklich ausdrücken will. In einem solchen Fall kommt nämlich ein Potpourri heraus, von dem der Redner vielleicht denkt, er habe alle wichtigen Punkte adressiert, von dem das Publikum jedoch keinen klaren Eindruck hat.

Gerade, wenn man wenig Zeit hat, eine Rede vorzubereiten, unterliegt man der Versuchung, sich jetzt nicht so viele Gedanken zu machen und drauf los zu schreiben. Das Gegenteil ist richtig: Je weniger Zeit Sie haben, um eine gute Rede auszuarbeiten, umso wichtiger ist es, sich vorher völlig klar darüber zu werden, was Sie aussagen wollen und wie Sie sich selbst darstellen wollen. Wenn Sie schnell von A nach B kommen müssen, lohnt es sich, sich vorher auf der Karte genau den Weg anzuschauen. Sie haben dann nämlich keine Zeit, sich zu verlaufen und ein Stück zurück zu gehen.

Die Botschaft entwickelt sich nicht, während man die Rede schreibt, nach dem Motto: Ich fange mal an, dann wird sich die Botschaft schon herauskristallisieren. Das wird sie in aller Regel nämlich nicht. Richtig ist es vielmehr, den Prozess andersherum anzugehen: Was ist meine Botschaft? Wenn man das weiß, kann man die Argumente entsprechend sortieren und der Rede damit eine Gestalt geben.

Die Botschaft ist so glaubwürdig wie der Botschafter. Wenn das Publikum den Eindruck hat, der Redner glaube selber nicht, was er sagt, warum sollte es dann die Aussagen ernst nehmen? Der

Redner muss die Botschaft beherrschen, er muss wissen, was er will und er muss sich die Botschaft auch zu eigen machen. Die Authentizität des Sprechenden ist eine wesentliche Grundlage des Erfolgs. Wer nicht überzeugt ist, ist nicht überzeugend.

Wenn jemand zu einem Thema keinen Bezug und kein Verhältnis hat, ist er gut beraten, darüber einfach auch nicht zu sprechen. Nun muss der Landtagsabgeordnete Max Mustermann bei seiner Rede über die Freiwillige Feuerwehr Bommelbach nicht so tun, als habe er sich seit Jahren mit ihr beschäftigt. Er muss aber deutlich machen, dass die Themen, um die es geht, ihm am Herzen liegen: die Gefahrenabwehr, das ehrenamtliche Engagement, die zivilgesellschaftliche Struktur der Gemeinde – das kann ihm auch wichtig sein, wenn er zum ersten Mal in seinem Leben in Bommelbach ist. Dass es ihm ein Anliegen ist – das müssen die Zuhörer spüren.

### Die Festlegung der Botschaft

- Was verbindet mich mit dem Thema?
- Was kann ich glaubwürdig zum Thema sagen?
- Was will ich sagen?
- Warum will ich es sagen?
- Was soll die Rede bei den Zuhörenden verändern?
- Wie will ich wahrgenommen werden?
- Passt meine Botschaft zu dem Wunsch, wie ich gesehen werden möchte?

## Argumente

- Welche Argumente unterstützen die Botschaft?
- Was sind die stärksten drei Argumente?
- Wieso drei?
- Was sind die Gegenargumente?
- Wie bezieht man Gegenargumente ein, ohne sie beim Namen zu nennen?
- Was ist bei Übersetzungen zu beachten?

Es reicht nicht, eine Botschaft zu haben, man muss sie auch argumentativ vertreten. Genau das soll ja durch die Rede geschehen. Dabei sollte jedem klar sein, dass es kein Monopol auf gute Argumente gibt, sondern dass auch Überlegungen, die zu einer anderen Schlussfolgerung führen, ihre Berechtigung haben. Der Sinn der Rede liegt darin, die Botschaft mit Argumenten zu stützen und dabei gleichzeitig die Gegenargumente zwar zu nennen, sie aber als nicht entscheidungsrelevant darzustellen. Das setzt aber voraus, dass man sich der Gegenargumente bewusst ist. Wenn Sie Ihre Argumentation entwickelt haben, sollten Sie daher im Kopf oder in Stichworten die Gegenrede schreiben. Sie sind für A, B und C, aber was spricht gegen A, B und C und vielleicht für D, E und F? Egal, ob Sie Ihre Position für die einzig richtige und die einzig moralisch vertretbare halten: Machen Sie die Gegenprobe. Je klarer Ihnen ist, welche Punkte gegen Ihre Botschaft und Ihre eigenen Argumente sprechen, desto klarer können Sie darauf eingehen. Es gibt immer eine Alternative! Die muss nicht besser sein, ja, kann ganz furchtbar sein, aber es gibt sie. Also muss man sich damit auseinandersetzen. Das ist wie beim Schachspielen: Wer die Gegenzüge nicht mitbedenkt, hat schnell verloren.

Für die Argumentation benötigt man Fakten, die man nicht immer sofort zur Hand hat. Man muss also eine Stoffsammlung anlegen. Hier hinein gehören die Ergebnisse von Recherchen im Internet, in der Presse, in der Bibliothek oder durch Gespräche, aber auch Zufallsfunde, also Sachverhalte, die Ihnen bei der täglichen Zeitungslektüre begegnen und die Sie für Ihre Argumentation gut verwenden können. Diese sollten Sie nutzen, denn sie illustrieren nicht nur, was Sie sagen wollen, sondern zeigen gleichzeitig, dass Ihre Argumentation aktuell ist und sie selbst auf dem neuesten Stand sind. Es lohnt sich daher auch aus diesem Grund, sich eine Zeitlang mit einer Rede zu beschäftigen, nicht in dem Sinne, dass man Tag und Nacht am Schreibtisch darüber grübeln müsste, aber indem man die Ideen und Überlegungen ein bisschen wirken lässt. Beim Spaziergehen oder Autofahren, in der Bahn oder im Konzert fällt einem dann das eine oder andere ein, was man gewinnbringend in die Rede integrieren kann.

Viele Ratgeber schlagen Ihnen vor, den Prozess des Konzipierens einer Rede mit der Stoffsammlung zu beginnen. Das ist im Prinzip auch richtig, allerdings sollten Sie vorher sehr genau überlegen, welchen Stoff Sie benötigen. Stellen Sie sich vor, Sie haben Hunger und gehen in einen Supermarkt einkaufen. Sie werden alles Mögliche einkaufen – in der Regel zu viel – und haben hinterher immer noch kein klares Konzept, was Sie nun eigentlich essen wollen. Besser und billiger ist es, wenn Sie sich vorher überlegen, was für eine Mahlzeit Sie zu sich nehmen wollen, dann eine Einkaufsliste der Zutaten erstellen, die Sie benötigen, und dann einzukaufen. So ist es mit der Stoffsammlung auch. Sie benötigen zuerst die „Einkaufsliste", also eine Gliederung Ihrer Argumente. Danach können Sie dann entscheiden, welchen „Stoff" Sie wo suchen.

Wenn Sie Zeit haben, Fakten zu recherchieren, haben Sie sicherlich zum Schluss eine beachtliche Sammlung. Hüten Sie sich davor, nun unbedingt auch alles zu verwenden. Der Impuls „Ich habe mir Mühe gemacht, das herauszufinden, jetzt will ich es auch benutzen.", ist verständlich, aber nicht sachdienlich. Die Rede ist nicht dann gut, wenn Sie alles verarbeitet haben, was Ihnen irgendwo und irgendwie untergekommen ist, sondern wenn es Ihnen gelungen ist, das Publikum zu überzeugen.

Bei der Argumentation liegt die Kunst in der Beschränkung. Es mag sein, dass es für eine gute Sache 35 Argumente gibt, mit denen man sie begründen kann. Was es nicht gibt, sind Zuhörer, die sich 35 Argumente merken können. Nun könnte man denken, das sei ja egal: Man bietet den Zuhörern – um bei dem Beispiel zu bleiben – 35 Argumente an, aus dem sie sich dann selbst auswählen können, was für sie von Bedeutung ist. Eine solche Rede nach dem Speisekartenprinzip funktioniert allerdings nicht. Vielmehr muss die Argumentation auf einige wenige Argumente konzentriert werden, die die Zuhörer auch aufnehmen können. Es empfiehlt sich, die Botschaft mit nicht mehr als drei, höchstens vier Argumenten zu stützen. Erstellen Sie eine Liste mit allen Argumenten, die für Ihre Sache sprechen. Dann sortieren sie diese Argumente nach Themenbereichen. Es wird Argumente geben, die sich auf Finanzielles beziehen – was ist günstiger als etwas anderes, wie soll es finanziert werden, was bedeutet das für andere Aufgaben des Gemeinwesens? –, andere, die die Effizienz im Auge haben – was geht schneller, ist wirkungsvoller? – und wieder andere, die sich mit politischen oder Wertefragen beschäftigen – Bedeutung des Ehrenamtes für die Gesellschaft, Integration von Menschen anderer Herkunft, Hilfe zur Selbsthilfe –. Wenn man die Argumente sortiert hat, kann man daraus ein oder zwei Argumente pro Themenbereich entwickeln. Dann filtern Sie die drei stärksten heraus. Die stärksten sind aber nicht die, die Ihnen persönlich am Wichtigsten sind, sondern die, die es am ehesten vermögen, ihr Auditorium zu überzeugen. Man sollte sich daher vorher überlegen, was – bezogen auf die Zielgruppe der Zuhörerschaft – die wichtigsten Argumente sind, mit denen man seine Botschaft untermauern kann.

Die Argumentation soll also keine Speisekarte sein, aber – um im Bild zu bleiben – ein Menu. Weniger poetisch ausgedrückt: Es sollten nicht einfach drei Argumente aufgezählt werden, sondern die Argumentation muss wie ein mehrgängiges Essen einen Spannungsbogen haben. Der Zuhörer muss, wenn er das erste Argument gehört hat, Appetit auf das zweite haben. Dabei bietet es sich an, vom Abstrakten zum Konkreten aufzusteigen, vom Allgemeinen zum Besonderen. Der Zuhörer hat ja ein konkretes Interesse. Nehmen wir eine Rede, mit der ein politisch Verantwortlicher für Wärmedämmungsmaßnahmen bei Altbauten plädiert. Das ist durchaus umstritten, weil es die Bewohner mit relativ hohen Kosten belegt, die erst langfristig durch Einsparungen gedeckt werden können. Beginnt dieser Redner nun mit den konkreten Anforderungen, die die Menschen beschäftigen, werden seine Ausführungen über den globalen Klimaschutz anschließend wenig Aufmerksamkeit finden.

Geht er aber vom Klimawandel aus, beschreibt die Folgen für die Weltgesellschaft und auch die eigene Nation, entsteht eine Spannung. Die Zuhörer fragen sich: Was hat das mit mir und meinem Haus zu tun? Diese Spannung kann man dann nutzen, um den entscheidenden Punkt zu erzielen: Die Klimaveränderung ist ein globales Problem, das aber nur lokal gelöst werden kann.

Beim Aufbau der Argumentation ist zu bedenken, dass die Zuhörer die einzelnen Argumente so wichtig nehmen, wie der Redner ihnen Zeit einräumt. Im Liebesfilm geht das so: Das Paar redet stundenlang über alles Mögliche und dann kommt der eine Satz: „Ich liebe Dich!" – und nur das zählt. Eine Rede funktioniert anders. Wenn, um bei dem Beispiel zu bleiben, die Liebe das Wichtige ist, muss ihr auch entsprechender Raum in der Rede eingeräumt werden. Andernfalls nimmt der Zuhörer das Argument nicht wahr beziehungsweise speichert es bei sich als nicht besonders wichtig ab.

Was immer man sagt: Es ist möglich, die Dinge auch anders zu sehen. Man kann es wichtig finden, die Freiwillige Feuerwehr besser auszustatten, man kann aber auch der Ansicht sein, dass die Sanierung der Schule dringender ist. Die Rede muss auch die Gegenargumente aufnehmen und sie entkräften oder sie zumindest so relativieren, dass sie für die Zuhörer ein geringeres Gewicht haben als die Pro-Argumente. Dabei ist es oft am elegantesten, die Gegenargumente gar nicht explizit zu benennen, sondern sie in die eigene Argumentation aufzunehmen.

---

**Statt:**
*„Es ist falsch, das Geld in eine neue Sporthalle stecken zu wollen, statt die Feuerwehr vernünftig auszustatten."*

**Eher:**
*„Natürlich steht der Ausbau der Infrastruktur der Freiwilligen Feuerwehr in Konkurrenz zu anderen wichtigen Aufgaben der Gemeinde, aber die erste Aufgabe ist nun einmal, unser aller Hab und Gut gegen Feuer und andere höhere Gewalt schützen zu können."*

---

Wenn man das Gegenargument direkt nennt, besteht die Gefahr, dass man es dadurch erst popularisiert. Vielleicht haben viele Zuhörer noch gar nicht daran gedacht, dass mit dem Geld der Gemeinde auch eine neue Sporthalle gebaut werden könnte. Erst, indem das jetzt vom Redner genannt wird, wenn auch ablehnend, kommen sie auf die Idee, dass das ja vielleicht auch eine interessante Möglichkeit wäre.

Mit einer Rede bestimmt man das Thema und setzt den Ton. Man ist damit in einer Auseinandersetzung im Vorteil, man hat sozusagen den ersten Aufschlag. Nicht immer ist das aber so. Keineswegs selten ist bereits eine Information oder Behauptung in der Welt, die es nun zu kommentieren beziehungsweise abzuwehren gilt.

Aber mit Dementis muss man sehr vorsichtig sein. Gelegentlich neigen Sprecher dazu, einen Vorwurf gegen sich persönlich oder ihr Anliegen zurückzuweisen, indem sie ein negatives Etikett aufbringen und dieses dann dementieren. Wer aber beschuldigt wird, in einer Sache nicht die volle Wahrheit gesagt zu haben, sollte nicht ausrufen: „Ich bin kein Lügner!", denn was bei den Zuhörern hängen bleibt ist das Wort „Lügner". Stattdessen sollte er positiv formulieren: „Ich bin grundsätzlich der Wahrheit verpflichtet und stelle alle Informationen zur Verfügung." Gut ist natürlich, wenn das dann auch stimmt. Der Klassiker, Menschen durch ein Dementi erst bösgläubig zu machen, ist die Äußerung des damaligen Staats- und Parteichefs der DDR, Walter Ulbricht. Am 15. Juni 1961 antwortete er in einer Pressekonferenz auf eine Frage, ob die DDR die Staatsgrenze am Brandenburger Tor errichten wolle, mit dem Satz: „Niemand hat die Absicht, eine Mauer zu errichten." Das Wort „Mauer" war damit in der Welt, zwei Monate später bedauerlicherweise auch die Mauer selbst.

Generell empfiehlt es sich, beim Argumentieren mit dem Florett zu fechten und nicht mit dem schweren Säbel. Was für Gespräche und Talkshows gilt, ist auch für eine Rede richtig. Das bedeutet, dass man auf die Gegenargumente und diejenigen, die diese vertreten, nicht einschlägt, sondern dass man ihnen ausweicht und dann seine eigenen Treffer setzt.

Hierzu ein Beispiel:
Thema: 75 Jahre Freiwillige Feuerwehr Bommelbach
Der Redner will und soll diese Gelegenheit nicht für eine lobende Festrede nutzen, sondern dafür, auf die Belange der Freiwilligen Feuerwehr hinzuweisen. Da viele Vertreter der örtlichen Politik bei dem Festakt anwesend sein werden, ist dies eine gute Gelegenheit, das Thema des neuen Spritzenhauses anzusprechen.
Botschaft: Die Feuerwehr braucht dringend ein neues Spritzenhaus, das die Gemeinde finanzieren muss.

| Argument | Gegenargument | „Säbel" | „Florett" |
|---|---|---|---|
| Das gegenwärtige Spritzenhaus lässt nicht genügend Raum für die Ausrüstung. | Wenn die Feuerwehr ihren Kram mal ausmisten und sortieren würde, wäre Platz genug. | „Die Behauptung, wir könnten das Problem durch Aufräumen lösen, zeigt, dass die Gegner des neuen Spritzenhauses keine Ahnung haben. Dann sollen sie doch mal kommen und bei uns aufräumen. Da sind wir aber sehr gespannt." | „Sicher muss man mit dem vorhandenen Platz auch sparsam umgehen. Aber die Dinge müssen ja nicht nur gelagert werden, sondern schnell zur Verfügung stehen. Bei der Brandwehr kann jede Minute Verzögerung Menschenleben kosten." |
| Im jetzigen Spritzenhaus können die Schläuche nicht trocknen und gehen dadurch schneller kaputt. | Man kann die Schläuche auch außerhalb des Spritzenhauses trocknen, wir hängen ja schließlich auch Wäsche draußen auf. | „Ein Feuerwehrschlauch ist kein Unterhemd, das man mal schnell in die Sonne hängen kann, wenn sie gerade scheint. Außerdem ändert sich das Wetter, wie man merken kann, wenn man die Amtsstube mal verlässt. Sollen dann zwei Mann die Schläuche immer rein und raus räumen?" | „Ohne eine vernünftige Trockenmöglichkeit für die Schläuche ruinieren wir diese – und damit das Geld, das wir für sie ausgegeben haben. Der einmaligen Ausgabe für ein Spritzenhaus, das ja noch viele andere Vorteile hat, steht also eine wiederkehrende Zahlung für Erneuerung gegenüber, von der wir aber keinen Mehrwert haben, weil wir nur immer das wieder anschaffen, was uns kaputt gegangen ist." |
| Wichtig ist auch, dass das neue Spritzenhaus einen Versammlungsraum hat, in dem Schulungen stattfinden und die Feuerwehrleute sich treffen können. | Versammlungssäle gibt es in der Gemeinde genug, von den kirchlichen Räumen bis zu den Kneipen des Ortes. | „Eine Feuerwehrweiterbildung ist kein Stammtisch. Aber der Verweis auf kirchliche Räume ist gut: Wenn sich nicht bald etwas bei uns verbessert, hilft nämlich nur noch Beten. Haben diejenigen, die so schlau daher reden, überhaupt schon mal einen modernen Schulungsraum gesehen – das ist was anderes als die Kellerbar zuhause." | „Sicherlich kann man Schulungen und Treffen an vielen Stellen durchführen. Aber gerade bei Schulungen ist es wichtig, die Ausrüstungsgegenstände zur Hand zu haben. Ein Begegnungsraum der Feuerwehr stärkt auch den Zusammenhalt der Feuerwehrfrauen und -männer. Auf diesem Zusammenhalt basiert das gesamte Prinzip einer Freiwilligen Feuerwehr." |

Nach vielen Reden gibt es die Gelegenheit zu einer Diskussion mit dem Redner, aber das ist keinesfalls immer so. Falls keine anschließende Diskussion vorgesehen ist, ist es besonders wichtig, mit dem Auditorium schon während der Rede indirekt ins Gespräch zu kommen. Statt auf die Zuhörer einzureden, sollte man mit ihnen reden. Das sollte allerdings nicht dadurch geschehen, dass man sich durch dauernde Zwischenfragen unterbrechen lässt. Das könnte die Wirkung der Rede zerstören und birgt die Gefahr in sich, dass der Redner gar nicht bis zum Abschluss kommt. Aber es lohnt sich, ins Publikum zu schauen. Gehen die Menschen mit? Reagieren sie zweifelnd? Schütteln sie den Kopf? So etwas kann man beim Abfassen der Rede verständlicherweise nicht voraussehen. Aber je stärker die Rede mögliche Gegenargumente schon antizipiert und auch adressiert, desto besser ist es möglich, auch spontan auf Stimmungen einzugehen. „Ich sehe hier im Raum viel Skepsis, und in der Tat wenden ja viele Menschen ein, dass …. Allerdings steht dem entgegen, dass …" Man zeigt den Zuhörern damit, dass man sie ernst nimmt und öffnet sie dadurch auch dafür, andere Argumente gelten zu lassen.

Eine gute Rede argumentiert nicht nur, sie liefert den Zuhörern auch etwas Neues. Das sollte man auf jeden Fall versuchen. Es wird oft behauptet, die Menschen läsen am liebsten das in der Zeitung, was sie ohnehin schon wüssten – aber das stimmt nicht. Die allermeisten Menschen gieren nach Neuigkeiten und lassen sich sogar, gerade über die neuen Medien und Endgeräte, mit Neuigkeitsimitaten füttern nach dem Motto: „Heidi Klum hat sich einen grünen Sonnenhut gekauft.". Also sollte man den Zuhörern auch in der Rede zumindest eine Neuigkeit präsentieren, irgendwas, bei dem sie nach Hause gehen und sagen „Das habe ich nicht gewusst." Es ist nämlich die Neuigkeit, die sie weitererzählen und aus der sich dann ein Gespräch über die gehörte Rede entwickelt. Bei dieser Neuigkeit kann es sich um einen Aspekt handeln, der bislang nicht beachtet worden ist oder auch eine Information, die noch nicht vorlag. Die Neuigkeit muss nicht das Wichtigste der Rede sein, aber sie ist der Haken, an dem die Aufmerksamkeit des Publikums hängt.

Damit hängt der sogenannte „Aha-Effekt" zusammen. Dieses meint, dass den Zuhörenden etwas vermittelt wird, was nicht nur neu für sie ist, sondern sie auch staunen lässt. Nüsse haben mehr Fett als Schokolade. Wer hätte das gedacht, wo Nüsse doch als gesund und Schokolade zwar als lecker, aber eher als ungesund gelten? Was ist das gefährlichste Tier der Welt? Der Eisbär, der Tiger, die Giftschlange? Nein, die Anophelesmücke. Alle 45 Sekunden stirbt ein Kind in Afrika an Malaria. Aha.

Eine besondere Herausforderung sind Reden, die dem Publikum übersetzt werden. Gelingt dies simultan, kann der Redner sich freuen. Er kann dann in seinem normalen Tempo sprechen, während Dolmetscherinnen und Dolmetscher seine Worte zeitgleich in eine andere Sprache übertragen. Als Redner muss man dabei bedenken, dass die Dolmetscher hören, übersetzen und sprechen – und zwar alles in derselben Sekunde. Eine langsame Sprechweise, eine klare Betonung und Sätze, deren Verb nicht erst am Ende eines Bandwurmsatzes kommt, helfen den Dolmetschern sehr. Außerdem muss man schon beim Abfassen der Rede berücksichtigen, dass die Rede nicht nur in eine andere Sprache, sondern auch in ein andere kulturelles Umfeld übertragen wird. „April, April", sagen wir, wenn wir meinen, dass jemand anderes oder wir selbst reingelegt worden sind, und ein deutscher Hörer versteht das sofort. Die Regierung verkündet, die Löhne seien um zwei Prozent gestiegen, aber, „April, April", diese werden durch die Steuerprogression wieder aufgefangen, so dass den Beschäftigten schlussendlich nur genauso viel Geld bleibt, wie sie auch vor der neuesten Lohnrunde schon im Portemonnaie hatten. „April, April" lässt sich jedoch nicht 1 : 1 übersetzen, die Dolmetscherinnen müssen einen anderen Weg finden. Wenn man weiß, dass die Rede übersetzt werden wird, sollte man solche Klippen wie Sprichwörter und Redewendungen schon berücksichtigen, entweder indem man darauf verzichtet oder indem man sie einführt. So kann man beispielsweise sagen: „Bei uns werden traditionell die Menschen am 1. April in die Irre geführt Und wenn sie darauf 'reingefallen sind, sagen wir ‚April, April.' Und ‚April, April' muss man auch bei dem Vorschlag rufen, der hier auf dem Tisch liegt."

Das macht nicht nur den Dolmetschern das Leben leichter, sondern auch den Zuhörern.

Schwieriger ist es, wenn die Rede konsekutiv, also Stück für Stück, übersetzt wird. Das bedeutet, dass der Redner einen Abschnitt vorträgt und die Übersetzerin ihn dann in die andere Sprache bringt. Für die Zuhörenden ist das ein Wechselbad. Es kommt ein Passus, den sie nicht verstehen, dann einer, denn sie verstehen, gefolgt von einem, den sie nicht verstehen. Wenn man weiß, dass die Rede konsekutiv übersetzt wird, sollte man von vornherein kurze und überschaubare Absätze konzipieren, so dass die Unterbrechungen für die Übersetzung sinnentsprechend vorgenommen werden können. Schlecht wäre beispielsweise, wenn man eine Geschichte oder einen Witz erzählt, und die Pointe dann erst in der nächsten Übersetzungsrunde offenbart wird. Das wäre in der Tat nicht lustig.

Nachfolgend ein Schema zum Aufbau einer Argumentation.
1. Spalte
Themenbereiche

2. Spalte
Argumente, die für diese Themenbereiche eine Rolle spielen
– in diesem Schema gibt es fünf Themenbereiche und neun wichtige Argumente

3. Spalte
Für jeden Themenbereich kondensiert man jetzt die Argumente zu einem, das das Thema am besten begründet.

4. Spalte
Nun überlegt man die Gegenargumente, die von den Befürwortern einer anderer Position vorgebracht werden oder werden könnten.

5. Spalte
Danach kann man die Auswahl treffen, um die Rede nicht zu überfrachten. Hier findet auch eine Festlegung der Reihenfolge statt. Dabei sollte unbedingt das stärkste Argument an den Schluss gesetzt und das relativ schwächste in der Mitte versteckt werden.

6. Spalte
Dient der Kontrolle, dass man in seiner Rede auch Neuigkeiten und zumindest einen Aha-Effekt eingebaut hat.

**Aufbau der Argumentation**

| 1 | 2 | 3 | 4 | 5 | 6 |
|---|---|---|---|---|---|
| Themenbereiche | Argumente | Ausgewählte Argumente | Mögliche Gegenargumente | Auswahl | Neuigkeit/Aha-Effekt |
| Argument 1<br>Argument 2 | Themenbereich 1 | Argument A | | Nr. 3 von 3 | Neuigkeit |
| Argument 3<br>Argument 4 | Themenbereich 2 | Argument B | | Nr. 1 von 3 | |
| Argument 5<br>Argument 6 | Themenbereich 3 | Argument C | | nicht ausgewählt | Aha-Effekt |
| Argument 7<br>Argument 8 | Themenbereich 4 | Argument D | | Nr. 2 von 3 | |
| Argument 9 | Themenbereich 5 | Argument E | | nicht ausgewählt | |

# 3. Kapitel

## Aufbau der Rede

### Einleitung: „Einsteigen bitte!"

Ein Redner kann nur Erfolg haben, wenn es ihm gelingt, einen Kontakt zum Publikum aufzubauen. Die Einleitung entscheidet darüber, ob dieses der Fall ist. Dabei muss man bedenken, dass die Zuhörenden mit dem Kopf vielleicht noch woanders sind, eigentlich gerne mit ihrem Nachbarn reden würden, zwischendurch auf ihr Handy schauen – und gegebenenfalls schon drei Reden gehört haben. Die erste Aufgabe des Redners ist es also, das Publikum „einzufangen". Zugespitzt formuliert: Wenn es dem Redner nicht möglich ist, den Kontakt zu seinem Publikum aufzubauen, kann er sich die Rede sparen, weil sie keinen Erfolg erzielen wird, und zwar weder bei der Verbreitung einer Botschaft noch bei der eigenen Positionierung des Redners.

Die Einleitung muss den Zuhörenden drei Nachrichten übermitteln:

1. Ihr, die Zuhörenden, interessiert mich, ich bin Euretwegen hier, und zwar gerne.
2. Ich bin interessant und es lohnt sich, mir zuzuhören.
3. Das Thema, das ich behandele, ist ebenfalls interessant.

Die Einleitung ist der Einstieg. Der Zuhörer steigt in die Rede ein – oder eben nicht. Gelingt es nicht, das Auditorium zum Einsteigen in den Zug zu bewegen, bleiben diese Menschen, bildlich gesprochen, auf dem Bahnsteig stehen und der Zug fährt ohne Passagiere – was aber sinnlos ist.

Ein amerikanischer Grundsatz lautet: Beginne immer mit einem Witz oder einer persönlichen Geschichte. Das ist kein schlechter Rat. Ein Scherz lockert die Atmosphäre auf. Er gibt den Zuhörenden die Möglichkeit, sich einmal zu entspannen, sich durch Lachen zu äußern, sich ein wenig zu bewegen. Allerdings sollte der Scherz wohlwollend sein, das heißt, nicht auf irgendjemandes Kosten gehen, und er sollte sich auf die Situation beziehen. Immer gut ist, wenn der Redner sich selbst ein wenig ironisiert, indem er beispielsweise seine Schwierigkeiten beschreibt, den Veranstaltungsort zu finden. Aber, um bei diesem Beispiel zu bleiben, in diesem Scherz darf keine Kritik enthalten sein – der Veranstaltungsort ist schlecht ausgeschildert –, sondern er sollte den Zuhörern das Gefühl geben, dass sie etwas wissen, was der Redner gerade erst gelernt hat, beispielsweise dass der Ort drei Bahnhöfe hat und er am falschen ausgestiegen ist. Diese Geschichten sind harmlos und banal, aber sie lockern die Atmosphäre auf gleichzeitig machen sie deutlich: Vor uns, den Zuhörern steht ein Experte, der uns etwas erzählen will, was wir nicht wissen, aber es hat sich gerade gezeigt, dass wir auch Dinge wissen, die ihm unbekannt sind bzw. waren.

Der Redner sollte die Gelegenheit auch nutzen, sich selbst noch ein bisschen vorzustellen, allerdings nicht dadurch, dass er angeberisch seinen Lebenslauf darbietet, sondern indem er zusätzliche Informationen über sich preisgibt. Diese können beruflicher Natur sein oder auch privater. Nehmen wir an, der Redner wird vom Moderator vorgestellt als Professor für Politikwissenschaft an der Universität Göttingen. Nun mag ihm das in seinem Innersten nicht genug sein, weil er ja auch fünf wichtige Bücher geschrieben, in London und Paris unterrichtet und zwei Jahre an einer amerikanischen Universität gelehrt hat. Es wäre aber ausgesprochen peinlich, wenn er dieses jetzt erwähnen und damit den Moderator „ergänzen" würde. Das schafft lediglich Distanz.

> **So nicht:**
> *„Vielen Dank für die Vorstellung. Allerdings möchte ich ergänzen, dass ich in den letzten Jahren einige Bücher zu dem Thema geschrieben habe, die auch große Aufmerksamkeit fanden. Von 2013 bis 2015 war ich darüber hinaus Visiting Professor an der Harvard-Universität und ich bin korrespondierendes Mitglied der australischen Akademie der Wissenschaften."*

Der Redner denkt in diesem Fall: „Ich muss denen mal so richtig zeigen, wie wichtig ich bin und welches Glück die haben, mir zuhören zu dürfen."
Das Publikum denkt: „Wer angibt, hat's nötig."

**Besser:**

*„Sie haben ja schon gehört, dass ich an der Universität Göttingen lehre, wir haben dort ein interessantes Forschungsprojekt, das sich mit Katastrophenschutz und Gefahrenabwehr in der modernen Gesellschaft beschäftigt. Dabei spielt das Engagement der Bürgerinnen und Bürger als Ergänzung zu den beruflichen Strukturen staatlicher Gefahrenabwehr eine wichtige Rolle."*

oder auch:

*„Bei der Fahrt nach Bommelbach habe ich gesehen, wie viel schöne Landschaft und wie viel Wald Sie hier in der Region haben. Da ich ein begeisterter Pilzesammler bin – und übrigens alle bisher meine Pilzgerichte überlebt haben – hat mir das wirklich das Herz geöffnet."*

Sehr beliebt, aber deshalb nicht unbedingt sinnvoll, sind vermeintliche Gespräche mit dem Taxifahrer, der einen zum Veranstaltungsort gefahren hat. In der Minderzahl der Fälle dürften diese Gespräche wirklich stattgefunden haben – und alle wissen das auch. Auf diese Art erfundener Standardgeschichten sollte man verzichten.

Fester Bestandteil einer Einleitung ist der Dank für die Einladung und eine Anerkennung für das Auditorium, dass es zu diesem Thema zusammengekommen ist.

Beispiel:

*„Ich möchte Ihnen, sehr verehrte Frau Bürgermeisterin, sehr herzlich danken, dass sie mich in diesen schönen Ort eingeladen haben und mir Gelegenheit geben, meine Gedanken zu einem für uns alle wichtigen Thema darzulegen. Vor allem aber möchte ich Ihnen, meine Damen und Herren sehr herzlich dafür danken, dass Sie sich die Zeit nehmen, sich heute mit diesen Fragen zu beschäftigen, obwohl Zeit für Sie alle sicherlich ein knappes Gut ist und es gerade hier viele andere Möglichkeiten gäbe, einen Nachmittag zu verbringen."*

Man bedankt sich für die Einladung, was man ja auch im Privaten tun würde, aber vor allem spricht man die Zuhörenden an und schafft eine erste Gemeinsamkeit: Wir sind hier zusammengekommen, um über ein wichtiges Thema zu sprechen.

Übrigens: Sie können sich als Redner ruhig freuen, wenn viele Menschen zu der Veranstaltung gekommen sind. Vermeiden Sie aber, sich dafür zu bedanken, dass sie „so zahlreich" erschienen seien. Jeder ist nämlich nur einmal gekommen. Sagen Sie also lieber: „Ich freue mich, dass Sie alle an der heutigen Veranstaltung teilnehmen."

Eine zu meisternde Hürde ist immer die Anrede, wenn Prominente unter den Zuhörenden sind. Es gibt Persönlichkeiten, die es gewohnt sind – und zugegeben: auch verdienen –, gesondert begrüßt zu werden. Das können politische Funktionsträger, also Minister oder Bürgermeister, Abgeordnete oder Staatssekretäre, Diplomaten oder Kirchenfunktionäre sein. Manchmal gibt auch der Veranstalter eine besonders zu ehrende Person vor, den Ehrenpräsidenten der Institution beispielsweise oder auch einen bedeutenden Förderer. Es ist also wichtig, sich vorab zu informieren, wer aus diesem Personenkreis vermutlich kommen wird. Man sollte allerdings auf jeden Fall zu Beginn der Veranstaltung überprüfen, ob die in Frage stehenden Personen dann tatsächlich auch da sind. Nichts ist peinlicher als wenn jemand angeredet wird, von dem das Publikum weiß, dass er gar nicht anwesend ist.

Die Regel ist: Der oder die Wichtigste zuerst und dann fortlaufend nach abnehmender gesellschaftlicher Bedeutung. Ganz oben ist das einfach. Der protokollarisch Wichtigste ist der Bundespräsident, gefolgt vom Präsidenten des Bundestages, der Bundeskanzlerin, dem Präsidenten des Bundesrates und dem des Bundesverfassungsgerichts, den Bundesministern und so weiter. Aber diese Gruppe von Persönlichkeiten hat man als Redner normalerweise nicht im Publikum. Hier geht es eher um den Landrat und die Bundestagsabgeordnete, die Bürgermeisterin oder den Botschafter eines anderen Landes.

Es gilt: Je höher die Ebene ist, desto eher wird der Betreffende begrüßt, der Landrat vor der Bürgermeisterin, die Landtagsabgeordnete vor dem Kreistagsabgeordneten, die exekutiven Funktionsträger (Regierung, Verwaltungsspitzen) vor den Parlamentariern – auch wenn das unserem Demokratieverständnis zu widersprechen scheint. Ausländischen Diplomaten kommt ein hoher Stellenwert zu. Mehrere Diplomaten kann man zusammenfassend als „Exzellenzen" begrüßen.

Man sollte auf jeden Fall den Einladenden ansprechen und die Moderatorin oder den Moderator, die den Redner eingeführt und vorgestellt haben: „Herr Landrat, Frau Bürgermeisterin, Herr Stadtbranddirektor, Frau Müller (= Moderatorin), liebe Feuerwehrangehörige der Freiwilligen Feuerwehr Bommelbach, meine sehr verehrten Damen und Herren, ..."

Man hört gelegentlich den Rat, auf Dank für die Einladung und Anreden ganz zu verzichten und sofort mit einem starken Satz in die Rede zu starten. Ich halte das für falsch, weil Dank und Anrede Fragen der Höflichkeit sind, die das Publikum auch erwartet. Auch wenn man einen Geschäftspartner trifft, eröffnet man das Gespräch nicht mit dem Satz: „Ich habe ein tolles Angebot für Sie!", sondern sagt erst einmal Guten Tag und dankt ihm, dass er gekommen ist oder die Zeit gefunden hat, einen zu empfangen. Dann kann man das Angebot unterbreiten.

Eine besondere Spezies der Rede ist die Begrüßungsrede, die dazu dient, eine Veranstaltung zu eröffnen oder im Rahmen der Eröffnung ein Grußwort zu sprechen. Gerade wenn auswärtige Gäste zu begrüßen sind, sollte der Grundsatz beherzigt werden: Eigenlob stinkt. Sehr oft erlebt man bei solchen Begrüßungsreden, dass der Redner erst einmal ausführlich den Ort oder die Organisation lobt, in dem bzw. der die Veranstaltung stattfindet. Der Gast, der ja eigentlich durch diese Rede begrüßt werden soll, bekommt dadurch nicht das Gefühl, willkommen zu sein, sondern vielmehr, dass es für ihn eine besondere Ehre darstellt, dass er überhaupt an diesem Ort oder in dieser Institution verweilen darf. Das ist aber nicht der Sinn einer Begrüßungsrede, die ja vielmehr die Gäste oder Gastsprecher ehren soll. Gerade in Städten, bedauerlicherweise auch im großen Städten, erlebt man das sehr oft, dass der Gastgeber in seiner Begrüßungsrede seinen Ort als den schönsten, wichtigsten, größten und spannendsten der Welt darstellt. Wo Understatement angebracht wäre, wird hemmungslos angegeben. So stellt Provinz sich dar, indem sie sich darstellt.

In der Literatur wird viel über den ersten Satz von Romanen gesprochen. Diese Sätze sollen den Leser in die Geschichte hineinziehen. Es gibt ganze Bücher über erste Sätze in der Literatur und Schriftsteller zermartern sich angeblich den Kopf, bis sie den ersten Satz ihres Werks gemeißelt haben. So schlimm ist es bei Reden nicht. Während der Leser in der Buchhandlung das Buch, das er in der Hand hält und anschaut, sofort zurücklegen kann, ist der Zuhörer in der Regel an seinen Stuhl gefesselt und kann nicht nach dem ersten Satz des Redners den Saal verlassen. Dennoch sollte man auch als Redenschreiber über den ersten Satz, besser die ersten Sätze, nachdenken. Sie setzen nämlich den Ton, sie geben dem Zuhörer eine erste Information, worauf er sich einzustellen hat: Wird es langweilig oder unterhaltsam, leicht oder kompliziert, philosophisch oder banal? Wenn Menschen sich kennenlernen, entscheiden sie angeblich in Sekundenbruchteilen, ob ihr Gegenüber ihnen sympathisch ist oder nicht – auch wenn es nicht gleich die Liebe auf den ersten Blick ist. Der Zuhörer hat ein wenig länger Zeit, sich ein Urteil zu bilden. Aber nach einer Minute hat er sich bereits festgelegt: „Dieser Redner lohnt das Zuhören" oder „Noch eine halbe Stunde bis zum Buffet". Diese Minute muss der Redner nutzen. Deshalb sind die ersten Sätze – und wie sie vorgetragen werden – von elementarer Bedeutung für den Erfolg der Rede. Sie müssen über das Thema der Rede nichts aussagen. Die ersten Sätze sind vielmehr die Türsteher, die den Zuhörer in die Rede hineinkomplimentieren sollen.

Im akademischen Bereich ist es üblich, zu Beginn des Vortrags auszubreiten, was man im Weiteren sagen wird. Das ist seriös, aber langweilig. Eine Rede ist keine Seminararbeit, von der man so etwas verlangt, sie ist eine Reise, auf die man die Zuhörer mitnimmt. Lassen Sie die Spannung entstehen, wohin die Reise geht. Wenn Sie zu Beginn erläutern: „Ich werde zuerst dieses sagen, dann werde ich in drei Punkten, darauf eingehen, dass das so und so ist, um dann zu dem Schluss zu gelangen, dass ...", warum soll Ihnen dann noch jemand zuhören, er weiß ja jetzt schon alles.

**Ein möglicher Auftakt:**

*„Ich möchte Sie nicht beunruhigen, aber stellen Sie sich einen Augenblick lang vor, Sie kämen nachher nach Hause und stünden vor den rauchenden Trümmern Ihres Wohnhauses. In der Zeitung wäre das vielleicht eine kleine Meldung: ‚In Bommelbach ist ein Haus abgebrannt.', aber für Sie wäre es eine große Katastrophe. Es lässt sich wohl nicht alles Schlechte im Leben verhindern, aber vieles lässt sich vermeiden oder abmildern. Das ist die Aufgabe von Gefahrenabwehr. Aber wie kann die funktionieren? Was müssen wir alle dafür tun? Wie können wir unser Leben sicher machen? Diese Fragen haben auch mit der Freiwilligen Feuerwehr Bommelbach zu tun."*

Eine weitere Herausforderung ist es, wenn man die Begrüßungsrede anstelle eines anderen hält, normalerweise eines Vorgesetzten, der zwar im Programm steht, aber verhindert ist. Das ist der Fall, wenn statt des Ministers der Staatssekretär spricht oder statt des Staatssekretärs der Abteilungsleiter. Man sollte diese Situation zu Beginn auf jeden Fall thematisieren und gleichzeitig deutlich machen dass derjenige, der nun nicht da sein kann und vertreten wird, dieses Ereignis dennoch wichtig nimmt. Dabei sollte jedoch auf Glaubwürdigkeit geachtet werden. Wenn der Kanzleramtsminister die Bundeskanzlerin vertritt, kann er natürlich sagen, er habe an diesem Vormittag mit der Kanzlerin noch über den Termin gesprochen und sie interessiere sich für das Thema sehr und habe ihn verpflichtet, anschließend über die Veranstaltung zu berichten. Mag sein, dass das stimmt, mag sein, dass es nicht stimmt – aber es ist glaubwürdig. Würde das ein Referatsleiter aus dem Bundeskanzleramt sagen, der seine Kanzlerin öfter im Fernsehen sieht als er sie auf dem Flur trifft, wäre es unglaubwürdig und das Publikum würde das Gefühl bekommen, nicht ernst genommen zu werden.

Falsch ist, wenn ein anderer im Programm steht, einfach ins Mikrofon zu treten und möglichst noch die Rede vorzulesen, die für den nun Vertretenen geschrieben wurde.

**Der Redner vertritt den Redner:**

*„Meine Damen und Herren, Sie haben hier den Oberbürger-meister erwartet, der auch gerne gekommen wäre. Aber wie Sie vielleicht gehört haben, gibt es eine kurzfristig angesetzte An-hörung im Landtag, bei der die Finanzierung der Kommunen behandelt wird. Daran muss der Oberbürgermeister natürlich teilnehmen, da geht es ja um die Zukunft auch unserer Stadt. Er hat mich daher gebeten, Sie hier an seiner Stelle zu begrü-ßen. Ich tue dies besonders gern, weil ich mit dem Thema Ihrer Veranstaltung seit langem beschäftigt bin. Meine Name ist XX, ich bin als Stadtrat für Bildung und Jugend nicht nur dafür ver-antwortlich, dass unsere Kindergärten und Schulen gut funktio-nieren, sondern auch dafür, dass es ein Jugendfreizeitangebot gibt, das jungen Menschen hilft, sozial kompetent in ihr Leben zu starten. ... „ Dann kann der eigentliche Text beginnen.*

## Hauptteil der Rede

– Drei Argumente präsentieren,
– Argumente mit Geschichten einführen,
– Argumente mit Beispielen illustrieren,
– Gegenargumente implizit widerlegen,
– darauf achten, dass die Botschaft klar bleibt,
– die Zuhörer da abholen, wo sie etwas wissen, um ihnen dann etwas zu sagen, was sie nicht wissen,
– Aha-Effekt einbauen.

Es ist gar nicht so leicht, Menschen über eine längere Zeit, und das beginnt schon bei wenigen Minuten, bei einer Sache zu hal-ten.

Eine Rede ist ein archaisches Kommunikationsinstrument. Wäh-rend man bei anderen Präsentationsformen zusätzlich auf Bilder zurückgreifen kann, beispielsweise in einem Prospekt oder in ei-nem Film, muss die Rede alle Sinne ansprechen und die Konzen-tration der Zuhörenden erhalten. Dies geht am besten, wenn man Geschichten erzählt, allerdings Geschichten, durch die die Argumente präsentiert und die Botschaft vermittelt werden können. Geschichten machen ein Thema anschaulich und damit für den Zuhörer auch verständlich. Sie müssen allerdings wiederum selbst für das Auditorium leicht zugänglich sein, dürfen nicht zu kompliziert gestrickt sein und müssen die Argumente und die Botschaft stärken. Geschichten sind also kein Ersatz für Argumente, sondern deren Illustration. Für diesen Zweck müssen die Geschichte nicht wahr sein, sie können durchaus konstruiert werden. Falls man zu diesem Mittel greift, sollte man allerdings auf die Glaubwürdigkeit achten. Glaubwürdigkeit ist die Währung, in welcher der Wert einer Rede bemessen wird.

Eine Geschichte, die ich selbst gelegentlich erzähle, um die Bedeutung der europäischen Integration herauszustellen – und die übrigens wahr ist – geht so:

*„Als ich ein elfjähriger Junge war, rief mein Vater mich eines Tages sehr aufgeregt zum Fernsehapparat und sagte: Junge, das musst du dir anschauen'. Ich rannte also zum Fernsehapparat und erwartete etwas ganz Tolles, was ein Kind in dem Alter fasziniert. Die Bilder enttäuschten mich, man sah zwei alte Männer die sich freundlich in den Arm nahmen. Was mich so erstaunte und weshalb es mir im Gedächtnis blieb, war der Kontrast zwischen dem langweiligen Bild und der Aufregung meines Vaters. Heute weiß ich, was ich gesehen habe: das Treffen zwischen Konrad Adenauer und Charles de Gaulle, das die deutsch-französische Aussöhnung besiegelte. Mein Vater, Jahrgang 1902, Teilnehmer an zwei Kriegen, war völlig außer sich, dass eine solche Versöhnung mit dem Erbfeind möglich war."*

Welchem Zweck dient diese Geschichte in einer Rede über die europäische Zusammenarbeit? Was will ich mit dieser Geschichte erzählen? Die deutsch-französische Aussöhnung, die die Grundlage der europäischen Integration war und ist, ist keine Selbstverständlichkeit sondern eine wesentliche Errungenschaft, mit der es gelungen ist, den Frieden in West- und Mitteleuropa seit nunmehr über 70 Jahren zu erhalten. Während uns heute die deutsch-französische Freundschaft selbstverständlich erscheint, wird das Außergewöhnliche daran deutlich, wenn man die Erfahrungen der Generation einbezieht, die die beiden Weltkriege des 20. Jahrhunderts erlebt hat. Die Aussöhnung und der daraus entstehende Frieden sind Werte, die wir auch heute noch schätzen sollten, wo sie uns als gegeben erscheinen. Natürlich kann man das auch gleich so abstrakt formulieren, aber leichter verständlich wird es über eine kleine Geschichte.

Es empfiehlt sich daher, solche Geschichten in den Redetext einzubauen. Die Geschichten müssen aber wirklich im Dienst der Argumentation stehen und dürfen keinen Selbstzweck als unterhaltsame Stories oder Dönekens entfalten. Im letztgenannten Fall würden sie nämlich die Argumentation nicht stärken, sondern vernebeln, also gegen die Botschaft der Rede arbeiten. Geschichten können persönliche Erlebnisse sein, müssen es aber nicht. Sie können auch der Literatur entnommen oder von anderen aufgeschnappt sein.

Der Kommunikationsberater Ernesto Sirolli, der Anfang der 1970er Jahre in der Entwicklungszusammenarbeit tätig war, erzählt eine Geschichte aus dieser Zeit: In Sambia wunderten sich italienische Entwicklungshelfer in einem fruchtbaren Tal, dass dort keine Landwirtschaft betrieben wurde. Sie brachten Pflanzen und Samen aus ihrem Heimatland mit und bauten sie an. Das Gemüse, beispielsweise die Tomaten, gedieh prächtig, aber eines Nachts kamen 200 Nilpferde und fraßen die gesamte Ernte auf. Als die Italiener darüber klagten, sagten die Sambier: „Deshalb haben wir hier keine Landwirtschaft." Die Italiener beschwerten sich, dass die Sambier ihnen nichts gesagt hätten, und diese antworteten: „Ihr habt ja nicht gefragt."[1] Was Sirolli damit sagen will und was das Motto seines Beratungsinstituts ist: „Wollen Sie jemandem helfen? Mund halten und zuhören!" Die Geschichte unterstreicht diese Botschaft und dient damit der Argumentation.

Diese Geschichte kann nicht nur Ernesto Sirolli selbst erzählen, man kann sie gerne weitererzählen, sollte allerdings die Quelle angeben. Wenn man sie erzählt wie: „Es waren einmal Entwicklungshelfer in Afrika …" verpufft sie. Erst die Quelle verleiht der

1) Gallo, Carmine: Talk like TED. The 9 Public Speaking of the Worlds Top Minds; New York, St. Martins Press 2014, ebook S. 195 von 569.

Geschichte Glaubwürdigkeit und stellt sie damit in den Dienst der Sache.

Man kann durchaus jedes Argument mit einer eigenen Geschichte einführen oder illustrieren. Allerdings darf man den Stellenwert der Geschichten nicht außer Acht lassen. Sie sollen das Argument unterstreichen und anschaulich machen, sie sollen es nicht ersetzen oder verdecken. Schließlich möchte der Redner mit einer überzeugenden Argumentation punkten und nicht als Geschichtenerzähler wahrgenommen werden. Wenn die Geschichten persönlich sind, wogegen nichts spricht, sollte man allerdings darauf achten, dass man sich dadurch nicht selbst in den Mittelpunkt stellt. Das Auditorium hat in der Regel ein gutes Sensorium dafür, wenn die Redner ihre eigene Bedeutung aufblasen wollen. Dies geschieht oftmals, wenn Sprecher ihre Wichtigkeit herausstellen wollen mit Sätzen wie „Genau darüber habe ich neulich mit der Bundeskanzlerin gesprochen" oder „Ich habe dem Bundespräsidenten bereits mehrfach gesagt ..." Solche Angeberei, und in den meisten Fällen dürfte es sich darum handeln, führt dazu, dass der Redner vielleicht als unterhaltsam empfunden, aber nicht ernst genommen wird.

Auch bei persönlichen Geschichten sollte man sich bemühen, das Publikum einzubinden. Nehmen wir die Erzählung über Adenauer und de Gaulle. Man kann die Geschichte so erzählen, wie ich sie beschrieben habe. Besser ist es, ältere Menschen im Publikum anzuschauen und zusätzlich zu sagen: „Ich nehme an, Sie erinnern sich noch an diese Zeit." oder Jüngere: „Sie kennen sicherlich das Deutsch-Französische Jugendwerk, das ist auch in diesem Zusammenhang entstanden." Der Zuhörer wird angesprochen und fühlt sich auch so. Das erhöht seine Bereitschaft, dem Redner weiter zu folgen. Schließlich hat die Rede offensichtlich mit ihm zu tun und seine Erfahrungen und Kenntnisse werden gewürdigt.

Geschichten ermöglichen es auch, einen Sachverhalt verstehbar zu machen, indem man eine abstrakt wirkende Größe herunterbricht. Auf dem Kriegsgräberfriedhof in Halbe, 40 km von Berlin entfernt, ruhen rund 24.000 Kriegsopfer, getötete Soldaten, Zivilisten, auch sowjetische Zwangsarbeiter. Wenn man das in einer

Gedenkrede erwähnt, was selbstredend geschehen muss, bleibt es doch für die Zuhörer schwer fassbar. 24.000 Tote an einem Ort – das kann man sich nicht vorstellen. Um die Zuhörenden zu erreichen, empfiehlt es sich, das Leiden der Menschen anhand eines Einzelschicksals zu erzählen. Der 22-jährige Gefreite, der frisch verlobt und auf ein baldiges Ende des Krieges hoffend, in Halbe ausharrte und noch am letzten Tag der Kesselschlacht von einer Granate zerfetzt wurde, der verschleppte sowjetische Zwangsarbeiter, der mit einem verblassten Foto seiner kleinen Tochter in der Hand starb – solche Lebenswege beziehungsweise gewaltsame Endstationen von Leben machen dem Zuhörer die Schrecken von Krieg und Gewaltherrschaft emotional zugänglich und damit verstehbar. Ein anderes, weniger dramatisches Beispiel: Ob die Verschuldung der Bundesrepublik Deutschland zehn Milliarden Euro mehr oder weniger beträgt, regt niemanden auf. Der Grund ist einfach: 10 Milliarden Euro – das können wir uns nicht vorstellen. Wenn man aber verdeutlicht, dass die Staatsschulden auf den einzelnen Einwohner gerechnet bereits fast 25.000 Euro betragen und dann an einem Beispiel verdeutlicht, was eine vierköpfige Familie mit diesem Geld anfangen könnte, werden Staatsschulden auf einmal praktisch. 10 Milliarden mehr sind zusätzlich 125 Euro Schulden pro Person, für eine vierköpfige Familie also 500 Euro. Damit könnte man beiden Kindern neue Fahrräder kaufen und hätte noch Geld für einen Gartengrill übrig. Stimmt, wird so mancher Zuhörer sich denken, die Kinder brauchen unbedingt neue Fahrräder.

Die Geschichten sind kein Selbstzweck, sondern ein Instrument, um den eigenen Standpunkt zu verdeutlichen. Deshalb ist es auch wichtig, am Ende jeder Geschichte auf das Argument zurückzukommen. Dies kann mit Sätzen geschehen wie" Diese Geschichte zeigt …" Oder „Hier wird deutlich, worum es geht, nämlich …" Oder auch persönlicher: „Diese Geschichte oder Begegnung hat mich sehr beeindruckt, weil sie deutlich macht, dass …"

Geschichten handeln von Menschen. Sie sollen abstrakte Zusammenhänge dadurch verdeutlichen, dass sie an konkreten Menschen erfahrbar machen, was gemeint ist. Sie sollen die Zuhörenden emotional öffnen und ihre Bereitschaft stärken, sich auf den

Inhalt der Aussagen einzulassen – weil sie das Gefühl bekommen, hier geht es um Menschen „wie du und ich". Eine politische Partei in Deutschland hatte einmal den Wahlslogan: „Im Mittelpunkt der Mensch." Unabhängig vom Auf und Ab dieser Partei: Für die Geschichten, die in Reden erzählt werden sollen, stimmt das allemal.

Denselben Zweck wie Geschichten erfüllen auch Beispiele und Bilder. In der Rede sollten die Aussagen konkretisiert werden. Der Kandidat auf dem Parteitag kann sagen: „Ich habe mich immer für benachteiligte Menschen eingesetzt." Ja, das kann man glauben oder nicht, aber es löst nichts aus.

> **Konkretisiert klingt das viel besser:**
> *„So habe ich beispielsweise in meinem Heimatort eine Hausaufgabenhilfe für Flüchtlinge organisiert. Jeden Nachmittag arbeiten junge Geflüchtete unter Anleitung von Freiwilligen den Schulstoff nach und machen ihre Hausaufgaben. Das Projekt war so stark nachgefragt, dass es am großen Andrang zu scheitern drohte. Jetzt, nach langen Verhandlungen mit der Gemeinde stehen uns dafür zwei Räume und eine kleine Teeküche zur Verfügung."*

Zahlen sind – vermeintlich – objektiv. Deshalb ist es sinnvoll, in der Rede Zahlen zu verwenden. Also nicht: „Wir haben in Deutschland einen großen Schuldenberg.", sondern „Die Staatsschulden betragen in Deutschland über 2 Billionen Euro." Allerdings sollte man zu Zahlen auch immer eine Quelle nennen. Erst die Quelle macht die Zahl seriös. „Das können Sie auf der Internetseite des Bundesfinanzministeriums nachlesen." ist also eine wichtige Ergänzung. Aber der Satz mit den Schulden geht noch schöner. Man sollte nämlich immer aktiv formulieren, nicht nur grammatisch (wie der Beispielsatz), sondern auch inhaltlich: „Wir haben uns mit über 2 Billionen Euro verschuldet." Das erzeugt eine größere Betroffenheit, jetzt geht es nicht nur um die Staatsschulden, sondern um uns. Wenn man die 2 Billionen dann noch herunterbricht, deutlich macht, wie viele Pkw oder Eigenheime man dafür kaufen könnte, wird das fassbar. 2 Billionen Euro entsprechen dem Wert von rund 5 Millionen Mercedes-Pkw der C-Klasse. Wenn Sie die wiederum hintereinander aufstellen würden, gäbe das eine Reihe von 20.000 Kilometern, das ist der halbe Erdumfang.

Aber Vorsicht: Eine Rede ist kein Zahlenfriedhof. Auch hier gilt: Der Zuhörer kann nicht „zurückblättern" oder innehalten, die Reise, sprich Rede, geht ja weiter. Zu viele Zahlen verwirren da und führen dazu, dass der Zuhörer aus der Rede aussteigt. Eine Rede soll informativ sein. Aber nicht alle Informationen müssen in einem Satz untergebracht werden. Im Gegenteil: Achten Sie darauf, pro Satz nur eine Aussage zu treffen.

---

**So nicht:**

*„Das Verwaltungsgebäude der Stadt, das der Architekt Hans Meier, der gestern anlässlich seines 75. Geburtstags vom Bürgermeister mit einem Empfang geehrt wurde, einst gebaut hat, erfüllt nicht mehr die Anforderungen, die heutzutage gestellt werden, um eine bürgernahe Verwaltung zu gewährleisten."*

---

Worum geht es? Die eigentliche Aussage sollte sein: Das Verwaltungsgebäude ist nicht mehr funktional.

---

**Besser:**

*„Wir alle wollen eine bürgernahe Verwaltung. Hierzu bedarf es aber auch der entsprechenden Infrastruktur, die durch das Verwaltungsgebäude nicht gewährleistet werden kann. So sind die Zugänge beispielsweise nicht barrierefrei und Rollstuhlfahrer müssen von Passanten die Treppe hochgetragen werden."*

---

Ist es eigentlich wichtig, dass Hans Meier der Architekt war und dass der gerade 75 Jahre alt wurde und dass er von der Stadt geehrt wurde? Mag sein, aber dann muss man begründen, warum. Schließlich will man ja etwas über das Verwaltungsgebäude aussagen. Aber wenn der Architekt bedeutsam ist, …

> **... dann vielleicht so:**
> *„Zur Zeit seiner Entstehung war das Verwaltungsgebäude der Inbegriff der Modernität. Sein Architekt, Hans Meier, ist ein Sohn unserer Stadt. Er wurde gestern 75 Jahre alt, der Bürgermeister hat zu seinen Ehren einen Empfang gegeben."*

Zu jedem Argument gibt es ein Gegenargument, so ist das im Leben. Wenn man also in einer Rede überzeugen will, muss man nicht nur gute Argumente präsentieren, sondern man muss auch auf die Gegenargumente eingehen. Dabei besteht die Gefahr, dass man die Gegenargumente, indem man sie nennt, überhaupt erst bekannt macht. Besser ist es daher, die Gegenargumente, ohne sie im einzelnen zu nennen, aufzunehmen und in der eigenen Argumentation zu entkräften. Je eingewobener dies geschieht, desto besser für die Argumentation. Natürlich kann man es im Wege einer Gegenüberstellung machen: „Falsch ist ..., richtig ist hingegen ..." Dies ist der Stil von juristischen Gegendarstellungen, aber rhetorisch elegant ist es nicht. Der bessere Weg ist, das Gegenargument in die eigene Argumentation einzubeziehen.

> **Statt:**
> *„Es ist falsch, dass unser Verband vor der Pleite steht. Richtig ist vielmehr, dass unser Haushalt ausgeglichen ist und maximal ein kleines Defizit aufweisen wird."*

> **Eher:**
> *„Der Haushalt unseres Verbandes ist im Wesentlichen ausgeglichen und auch wenn wir in den nächsten Jahren vor neuen Herausforderungen stehen, wird es uns weiterhin gelingen, weitestgehend ohne Schulden den Umstrukturierungsprozess zu bestehen. Natürlich wird das nicht leicht, aber deshalb ist es ja umso wichtiger, dass wir alle zusammenstehen und den Prozess gemeinsam anpacken."*

So hat man angesprochen, dass die Finanzlage des Verbandes durchaus nicht rosig ist, gleichzeitig hat man die Probleme allerdings relativiert und alle mit in die Verantwortung genommen, dafür zu sorgen, dass ein ernsthaftes Defizit nicht entstehen kann. Die Vertreter der Gegenposition sind also eingebunden worden. Zwar ist die Entgegnung jetzt ein bisschen länger, aber sie enthält auch wesentlich mehr. Neben dem Dementi – keine Pleite, maximal ein kleines Defizit – ist hier auf neue Herausforderungen und auf den notwendigen Umstrukturierungsprozess hingewiesen, gleichzeitig endet die Passage mit einem Appell zur Gemeinsamkeit – was den Kritikern auch den Wind aus den Segeln nimmt, da sie, wenn sie ihre Kritik aufrecht erhalten, als diejenigen dastehen, die sich der Zusammenarbeit verweigern. Bei der zweiten Stellungnahme zahlt man also etwas mehr in Wörtern, aber man bekommt sehr viel mehr dafür.

Je klarer die Gliederung der Rede ist, desto einfacher können die Zuhörer folgen. Von daher empfiehlt es sich, die Rede klar zu strukturieren.

---

- „Ich möchte Ihnen drei Argumente präsentieren,
  1. ...
  2. ...
  3. ...
- Das erste Argument befasst sich mit ...
  [nachdem das Argument dargelegt worden ist]
- Nun zum zweiten Punkt ...
  [nachdem das Argument dargelegt worden ist]
- Schließlich ist es, drittens, doch so, dass ..."

---

Der Zuhörer kann der Rede folgen. Allerdings müssen Sie darauf achten, die Gliederung auch durchzuhalten, nach einem „erstens" muss auch ein „zweitens" kommen – mindestens. Es gibt auch andere Gliederungsmöglichkeiten, beispielsweise: gestern – als Synonym für die Vergangenheit, heute – als Begriff für die Gegenwart, morgen – aus Ausdruck für die Zukunft.

Die Aufmerksamkeitskurve eines durchschnittlichen Zuhörers verläuft so: hohe Aufmerksamkeit am Anfang – Einleitung, der Zuhörer macht sich ein Bild vom Thema und vom Redner, gefolgt von mittlerer Aufmerksamkeit zu Beginn des Hauptteils – der Zuhörer weiß jetzt, worum es geht, geringere Aufmerksamkeit in der Mitte des Hauptteils – Ermüdung, Ablenkung, Schwierigkeit stillzusitzen, „Wiedererwachen" gegen Ende des Hauptteils und beim Schluss – Schlussgalopp auch für den Zuhörer.

Entsprechend sollte man seine Argumente anordnen: Das stärkste Argument kommt an den Schluss, denn mit dem soll der Zuhörer ja „ins Boot geholt" werden, das schwächste in die Mitte, wenn der Zuhörer am relativ unaufmerksamsten ist, und das zweitstärkste an den Anfang. Sollte man mehr als drei Argumente präsentieren, gilt der gleiche Bauplan: guter Anfang, befriedigende Mitte, sehr starkes Schlussargument. Sehr schlecht wäre es, das umgekehrt zu machen und mit dem schwächsten Argument zu schließen. Denn es ist dieses Argument, das der Zuhörer noch am besten in Erinnerung hat und das wesentlich dazu beiträgt, dass er den Schlussappell mitträgt. Sollte er hingegen das Gefühl haben, dem Redner gehe „die Puste aus", denkt er sich: „Na ja, so viel gute Argumente scheint es für die Sache ja nicht zu geben."

Gut ist es, wenn man einen Kernsatz entwickelt, auf den man am Ende eines jeden Arguments zurückkommen kann. „Die europäische Integration mag kompliziert sein, aber sie sichert den Frieden." Das kann die Botschaft eines Vortrags über die Europäische Union, ihre aktuellen Schwierigkeiten und die zahlreichen Uneinigkeiten der Mitgliedstaaten über die richtige Politik sein. Man kann sie auch als Kernsatz nehmen, den man zum Abschluss der Ausführungen über die europäische Migrationspolitik, die Eurokrise oder andere EU-Probleme wiederholt.

Unvergessen der Kernsatz von Martin Luther King in seiner berühmten Rede 1963, mit der er seine Zukunftsvorstellung der Vereinigten Staaten von Amerika als frei von Rassismus zusammengefasst hat: „I have a dream ...". Aktueller der Kernsatz des Präsidenten der Vereinigten Staaten Barack Obama während seiner ersten Wahlkampagne, in der er die Veränderbarkeit der USA zum Thema gemacht macht: „Yes, we can."

Eine besondere Form der Rede ist die Laudatio, also die Ehrung einer Person anlässlich ihres Geburtstags, ihrer Beförderung, ihres Abschieds oder weil sie einen Preis erhalten hat. Auch Trauerreden sind Laudationes. Hier geht es nicht darum, mit Argumenten zu punkten, sondern nur darum, die oder den Geehrte(n) in ein gutes Licht zu rücken sowie ihre oder seine Lebensleistung anzuerkennen und zu würdigen.

Der Anfang ist derselbe. Auch bei der Laudatio benötigt man eine Einleitung, die das Auditorium in die Rede hineinholt.

---

**Statt:**

*„Liebe Kolleginnen und Kollegen, liebe Freunde von Max Mustermann, meine Damen und Herren, wir haben uns heute hier versammelt, um Max Mustermann anlässlich seines 60. Geburtstags zu gratulieren."*

---

Das ist ein schwacher Anfang, denn das wissen ja alle, sonst wären sie nicht gekommen.

---

**Eher:**

*„Wer hat es geschafft, drei Fahrradunfälle sowie einen Flugzeugabsturz zu überleben und hat weiterhin jeden Tag gute Laune? Sie ahnen es, meine Damen und Herren, die Rede ist von Max Mustermann. Und das ist noch lange nicht alles, was man über ihn sagen kann und muss."*

---

Ein solcher Anfang macht neugierig und bereitet Lust, weiter zuzuhören. Im Mittelpunkt steht das Wirken des Geehrten. Es entfaltet sich aber erst, wenn es in Bezug zur Festgemeinde und zur Gesellschaft gestellt wird. Nehmen wir an, Max Mustermann hat einige Dinge erfunden und Patente erworben. Das ist eine große Leistung. Wirklich bedeutsam macht man sie aber, wenn man die Wirkung beschreibt.

> **Wirkung beschreiben:**
>
> *„Dadurch ist es möglich geworden, Betriebsabläufe so zu verbessern, dass den Kolleginnen und Kollegen mehr Zeit bleibt, gemeinsam über Neues nachzudenken."*
>
> oder:
>
> *„Durch die Erfindungen von Max Mustermann können Tausende von Patienten, die unter der XY-Krankheit leiden, neue Hoffnung schöpfen."*

Nicht die Erfindung ist die Leistung, sondern ihre Wirkung für die Gesellschaft. Wenn jemand bei Olympia eine Medaille gewonnen hat, ist das etwas Besonderes. Aber richtig bedeutend wird es, wenn man sagt, dass er damit für viele junge Sportlerinnen und Sportler ein Vorbild und ein Antrieb ist, dass er zeigt, dass mit unbedingtem Ehrgeiz und rationaler Planung viel zu erreichen ist, was auch für andere Lebensbereiche Bedeutung hat.

Eine Laudatio ist, wie der aus dem Lateinischen stammende Name schon sagt, eine Lobrede. Hier geht es nicht um eine kritische Beurteilung der zur Rede stehenden Persönlichkeit, um eine Darstellung all ihrer Licht- und Schattenseiten. Das bedeutet: Negatives hat in einer Laudatio keinen Platz. Neckereien, die sich beispielsweise auf bestimmte Angewohnheiten des Geehrten beziehen, sollten nur Eingang in die Laudatio finden, wenn klar ist, dass sie sowohl beim Publikum als auch bei der geehrten Person selbst gut ankommen, dass sie also harmlos sind. Zweideutigkeiten sind tabu. Wer sich zu einer Person nicht nur positiv äußern will, sollte eine Laudatio nicht übernehmen, diese Wahl hat man ja. Eine Laudatio ist nicht der richtige Platz für eine Abrechnung mit dem bisherigen Chef, dem ungeliebten Kollegen oder wem auch immer.

In einer Laudatio wird gelobt – und nur gelobt. Aber auch hier kann man über das Ziel hinausschießen. „Zuviel Weihrauch schwärzt den Heiligen.", sagt ein Sprichwort. Nicht jeder verdiente Kollege, der in seinen 30 Jahren Betriebszugehörigkeit einige neue Formulare entworfen hat, ist ein Kandidat auf den Nobelpreis. Wenn man ihn zu sehr hochjazzt, gibt man ihn letztendlich der Lächerlichkeit preis. Gerade bei Laudationes und Grabreden besteht das Auditorium ja zumindest überwiegend aus Menschen, die den Geehrten kennen oder kannten. Sie haben ihr eigenes Bild von ihm. Die Kunst der Laudatio ist nicht, dem ein völlig anderes gegenüber zu stellen, sondern vielmehr die positiven Aspekte im Leben und Wirken des Geehrten so zu akzentuieren, dass das Bild insgesamt freundlicher wird.

## Schluss der Rede

- Den Sack zubinden
- Argumente in der Botschaft zusammenführen,
- Take-away für die Zuhörer

Der Redner leitet das Thema ein, er entfaltet seine Argumente, die er möglichst durch Geschichten und Beispiele illustriert, jetzt muss er nur noch sicherstellen, dass seine Botschaft, derentwegen er die Rede ja hält, auch verstanden worden ist. Daher ist es wichtig, zum Schluss noch einmal auf die Botschaft zurückzukommen.

Im Schlussteil sollten keine neuen Argumente ausgebreitet werden. Das klänge nämlich nach „Ach, was mir gerade noch einfällt …", und hinterließe bei den Zuhörenden den Eindruck, der Redner wisse nicht genau, wohin die Reise seiner Rede gehen solle. Und wenn es keine klare Struktur gibt, denkt sich der Zuhörer, dann wird an der Sache ja auch nicht so viel dran sein.

Der Schlussteil dient dazu, „den Sack zuzubinden". Man hat die – hoffentlich gut verständlichen und anschaulich illustrierten – Argumente eingepackt und jetzt muss man die Zuhörenden motivieren, diesen „Sack" mit nach Hause zu nehmen. Der Schluss ist daher mehr als nur zu sagen „Und deshalb, meine Damen und Herren, habe ich Recht."
Zum Abschluss der Rede geht es vielmehr darum, die Argumente noch einmal in einer Schlussfolgerung zu kondensieren. Es ist dabei gar nicht verkehrt, explizit darauf hinzuweisen, dass man jetzt das Gesagte noch einmal zusammenfasse. Die meisten Menschen

können auch über eine Dauer von 20 bis 30 Minuten nicht die gesamte Zeit aufmerksam zuhören. Wenn jetzt das Schlüsselwort „Zusammenfassung" fällt, wachen sie gewissermaßen wieder auf, weil sie die Chance sehen, jetzt noch einmal die Rede voll mitzubekommen.

---

**Zusammenfassung, Argumente, Botschaft:**

„Ich möchte meine Überlegungen noch einmal kurz zusammenfassen,

[Schlüsselwort „Zusammenfassung"]

Naturkatastrophen und auch Unachtsamkeiten, die zu schlimmen Unfällen führen, lassen sich leider nicht verhindern,

[Problemaufriss aus der Einleitung]

aber die negativen Folgen lassen sich minimieren.

[Argument 1]

Dazu benötigen wir eine effiziente Feuerwehr, die vom Engagement der freiwillig tätigen Frauen und Männer getragen wird.

[Argument 2].

Aber wir benötigen auch die Hilfe der Gemeinde und zwar nicht nur in anerkennenden Worten, sondern auch in materieller Unterstützung.

[Argument 3]

Lassen Sie uns daher alle gemeinsam dafür einsetzen, dass der Bau des geplanten Spritzenhauses für die Freiwillige Feuerwehr Bommelbach bald realisiert wird."

[Botschaft]

---

Es gibt Kommunikationsberater, die halten es für falsch, die Rede noch einmal zusammenzufassen, sie raten, einfach mit einem starken Schlussakkord zu enden.[1] Andernfalls bestehe die Gefahr, die Rede zu zerreden. Aber: Der Schluss soll ja nicht nur ein Abschlussfeuerwerk sein, sondern auch eine Schlussfolgerung. Die kann aber nur gezogen werden, wenn die Argumentationskette klar ist, sie sollte also noch einmal skizziert werden, da man nicht davon ausgehen kann, dass die Zuhörenden über die gesamte Dauer der Rede voll aufmerksam waren.

---

1) So zum Beispiel Hans-Uwe L. Köhler: Die perfekte Rede. So überzeugen Sie jedes Publikum, Offenbach 2011, ebook, S. 108 von 419.

Allerdings sollte man sich davor hüten, nun noch einmal alles zu wiederholen, mit neuen Beispielen zu versehen und hin und her zu wenden. Nein, die Wiederholung besteht lediglich darin, dass die Argumente noch einmal in Erinnerung gerufen werden.

Die Zuhörerinnen und Zuhörer benötigen von der Rede etwas, was sie mit nach Hause nehmen können. Idealerweise ist das die Botschaft, die der Rede ‚neues Spritzenhaus für die Freiwillige Feuerwehr Bommelbach' und die des Redners ‚Ich setze mich für Euch ein.' Aber es ist wie bei einer privaten Party, von der man den Gästen noch etwas mitgeben möchte. Es muss schön eingepackt und leicht zu tragen sein, daher sollte man wirklich darauf achten, dass einem zum Schluss der Rede nicht die Luft ausgeht und man denkt, die Argumente würden für sich sprechen. Das tun sie nämlich nicht, sie müssen in eine Schlussfolgerung eingebunden sein. Beim Schreiben der Rede sollte man auf die Formulierung des Schlusses noch einmal große Sorgfalt verwenden. Es reicht nicht, das Ziel vor Augen zu haben, man muss es auch erreichen.

Es empfiehlt sich, dieser Schlussfolgerung immer eine positive Note zu geben. Der Schlusssatz in unserer Beispielrede ist daher nicht: „Ohne das neue Spritzenhaus werden uns bald die Häuser über dem Kopf wegbrennen." Was sollen die Zuhörer mit dieser Aussage anfangen, außer Angst zu entwickeln – oder sie nicht ernst zu nehmen, – schließlich ist der Ort ja bisher auch ohne neues Spritzenhaus nicht abgebrannt? Die Schlussaussage: „Lasst uns gemeinsam für ein neues Spritzenhaus einsetzen, damit unser schöner Ort weiterhin gut geschützt ist!" hingegen setzt einen positiven Ton und gibt den Zuhörenden darüber hinaus eine Verhaltens- und Handlungsmöglichkeit.

Der Schluss muss ein Fanal setzen. Man stelle sich vor, ein Zuhörer kommt so verspätet zu der Rede, dass er nur noch den Schluss hört. Er muss dann aber dennoch wissen, worum es ging, was das wirklich Wichtige ist und was das mit ihm zu tun hat.

Das gilt auch für den Sonderfall Laudatio. Der Schluss sollte die Zuhörenden einbeziehen. Das kann die Aufforderung sein, nun das Glas auf den Jubilar zu erheben oder in seinem Sinne die Arbeit fortzusetzen. Die Überreichung von Geschenken oder Preisen ist ebenfalls ein guter Schlusspunkt, bei dem allerdings das Geschenk beschrieben und in Beziehung zum Geehrten gesetzt werden muss. Bei Preisen ist das einfach, da die gesamte Laudatio sich ja darum gedreht hat. Hier kann man nun das Publikum symbolisch einbeziehen: „Lassen Sie uns nun alle gemeinsam Herrn Mustermann den verdienten Preis überreichen." Auch wenn es natürlich nur eine Person ist, die den Preis wirklich aushändigt, fühlt sich das gesamte Auditorium als Preisspender und damit einbezogen.

Bei Geschenken, beispielsweise zum Geburtstag oder zum Abschied, sollte man einen Bezug herstellen. Auch der muss eindeutig positiv und darf nicht zweideutig sein. Wenn man jemandem zum Abschied eine Kiste Wein schenkt, sollte man nicht sagen:

---

**So nicht:**

*„Da Sie ja gerne einen trinken, haben wir uns als Abschiedsgeschenk für eine Kiste Wein entschieden."*

---

Das heißt mit anderen Worten: Wir wissen ja alle, dass Sie zu viel Alkohol trinken, also war es für uns das einfachste, ihnen noch eine Kiste Wein hinzustellen.

---

**Besser:**

*„Kultur und Genuss sind zwei starke Farben in der Persönlichkeit von Herrn Mustermann. Wir möchten uns daher bei ihm mit einem Geschenk bedanken, das diese beiden Elemente aufgreift. Wein kann man genießen, aber in ihm steckt auch sehr viel Kultur, der Weinbau hat unsere Gesellschaften über Jahrhunderte geprägt. Und heißt es nicht: Im Wein liegt die Wahrheit? Das ist das richtige Geschenk für einen wahrhaftigen Menschen wie Max Mustermann."*

---

Die Kiste Wein ist dieselbe, aber die Würdigung sehr unterschiedlich.

Auf keinen Fall sollten Sie ihre Rede damit schließen, den Zuhörern zu erzählen, was sie alles verpasst haben.

---

**Nie:**
*„Leider hat die Zeit nicht gereicht, um ...".*
*„Ich hatte hier keine Gelegenheit auszuführen, was ...".*

---

Wenn der Zuhörer mit Ihrer Rede sowieso nicht zufrieden war, ist das egal. Er wird sich sagen: „Gottseidank, dass er nicht noch länger geredet hat." Ist der Zuhörer aber von Ihrer Rede angesprochen, wird er in dem Augenblick unzufrieden. Stellen Sie sich vor, Sie sitzen in einem Restaurant und genießen ein gutes Essen. Und dann kommt der Kellner und sagt: „Wir haben auch einen tollen Nachtisch, aber leider habe ich keine Zeit, Ihnen den zu bringen." Ihre Reaktion wird nicht sein: „Das war ein tolles Essen.", sondern: „Schade, da habe ich was verpasst." Mit diesem Gefühl sollte ein Redner aber seine Zuhörer nicht entlassen.

Völlig überflüssig ist es, wenn der Redner sich zum Schluss bei den Zuhörern fürs Zuhören bedankt. Das insinuiert ja, dass das Zuhören eigentlich eine Last war, die die freundlichen Menschen im Saal brav geschultert haben. Der Redner belastet die Zuhörer aber nicht, sondern er bereichert sie. Es ist an den Zuhörern zu danken, was sie in der Regel durch ihren Beifall auch tun. Wenn Sie sich am Schluss beim Publikum bedanken wollen, dann nicht fürs Zuhören, sondern dafür, dass die Damen und Herren bereit sind, sich mit diesem Thema zu befassen oder beispielsweise bei einer Gedenkrede, dass sie durch ihre Teilnahme gezeigt haben, dass die Opfer des Krieges oder des Anschlags nicht vergessen sind.

**Reden schreiben und überzeugen**

So gelingt eine Rede

Aufbau einer Rede

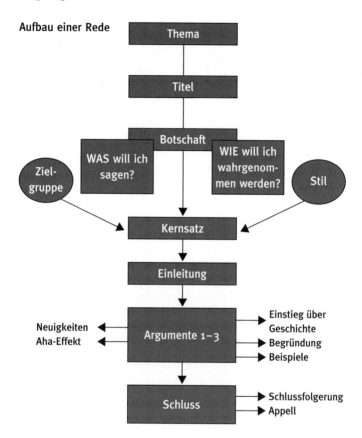

## Zitate

Keine Rede ohne Zitate. Das scheint ein Grundsatz vieler Redner zu sein – und zwar einer, den sie überdenken sollten. Oftmals werden Zitate nicht benutzt, um auf jemanden einzugehen „Der Landrat hat gesagt: ‚Wir haben kein Geld!'", sondern zur Bekräftigung des Gesagten. Das wird entweder genutzt, um zu zeigen, dass man mit seiner Meinung nicht alleine steht, oder weil ein anderer einen Sachverhalt so brillant formuliert hat, dass man diese Äußerung gerne übernehmen würde. Diese Zitate sind gut und richtig und können eine Rede besser machen.

Viele Redner schmücken sich allerdings mit Zitaten nach dem Motto „Ovid sagte einmal ...". Aha, denkt sich der Zuhörer, das hat Ovid also einmal gesagt und gerade da war unser Redner dabei. Vielleicht hat Ovid es ja auch öfter gesagt – und zu wem eigentlich? Und in welcher Situation? Wer ist eigentlich Ovid? Wie kommt er dazu, etwas zur Freiwilligen Feuerwehr Bommelbach zu sagen? Und überhaupt: Stellen wir uns vor, dass unser Redner abends in seinem Sessel sitzt und Ovid liest?

Das Zitat, das die Rede und vor allem den Redner schmücken sollte – „Hört her, was ich für ein gebildeter Mensch bin!" –, ist deutlich nach hinten losgegangen. Es ist offensichtlich, dass der Redner das Zitat aus einer Sammlung „Geflügelter Worte" hat oder dass ihm jemand die Rede schrieb, der seinem Chef zeigen wollte, was er alles kann. Dem Redner hat er damit jedoch keinen Gefallen getan, im Gegenteil, er hat ihn damit der Lächerlichkeit preisgegeben.
Zitate können durchaus einen Sinn haben und eine Rede bereichern. Sie dürfen aber nicht als „Name dropping" eingesetzt werden, mit dem der Redner nur zeigen will, was er alles gelesen hat, oder in der Mehrzahl der Fälle wohl vorgibt, gelesen zu haben. Die Zitate sollten nicht nur in den Zusammenhang der Rede passen, sondern auch selbst kontextualisiert werden.

---

**So nicht:**
*„Goethe sagte einmal: ‚Die ich rief, die Geister, werd ich nun nicht los.' Und so wird der Stadtrat von Bommelbach auch die Forderung nach einem neuen Spritzenhaus für die Freiwillige Feuerwehr nicht mehr los."*

---

In diesem Beispiel passt auch der Zusammenhang nicht, in den das Zitat eingebaut wurde. Aber auch, wenn man das Zitat in einem Zusammenhang verwendet, in den es passt, sollte man den Kontext benennen.

> **Besser:**
>
> *„In der Ballade ‚Der Zauberlehrling' beschreibt Goethe den Lehrling des Hexenmeisters, der dessen Abwesenheit ausnutzt, um die magischen Kräfte selbst auszuprobieren, sie aber nicht in den Griff bekommt. Er klagte dann: ‚Die ich rief, die Geister, werd ich nun nicht los.'"*

Vermeiden sollte man in einer Rede auf alle Fälle Standardzitate, die man in jeder im Internet für fünf Euro käuflich zu erwerbenden Rede findet. Erstaunlicherweise denken ja viele, wenn sie das wiederholen, was sie selbst schon tausend Mal gehört haben, seien sie originell. Sie vergessen dabei, dass die Zuhörer dem Zitat schon genauso oft begegnet sind. Originalität ist ein wichtiges Element der Glaubwürdigkeit eines Redners. Wenn das Auditorium den Eindruck hat, es höre eine Rede von der Stange ist es in wesentlich geringerem Maße bereit, sich darauf einzulassen. Außerdem sollte man nur Zitate verwenden, deren Kenntnis einem das Publikum zutraut, andernfalls macht man keinen gebildeten Eindruck, sondern einen peinlichen. Oftmals empfiehlt es sich auch, eine Quelle zu nennen. Also nicht „Churchill hat zu Beginn der Potsdamer Konferenz gesagt …", sondern „Elfriede Mustermann beschreibt in ihrem Buch über die europäische Geschichte die Potsdamer Konferenz und zitiert darin Churchill mit dem Satz …" Dies macht es für den Zuhörer interessant. Er erfährt etwas über Churchill bekommt aber gleichzeitig eine Quelle genannt, in der er mehr darüber lernen könnte. Während man weiß, dass der Redner nicht an der Potsdamer Konferenz 1945 teilgenommen und Churchill gelauscht hat, traut man ihm doch zu, dass er das Buch von Elfriede Mustermann gelesen hat. Wenn das Zitat dann noch die Aussage illustriert, ist es gut gewählt und verbessert die Rede.

# 4. KAPITEL

## Stil und stilistische Mittel

„Stil hat man oder hat man nicht.", sagt der Volksmund. Wenn es mal so einfach wäre. Tatsächlich gibt es nicht Stil oder Nicht-Stil, sondern unterschiedliche Stile. Diese kann man in allen Lebensbereichen beobachten, in der Architektur, in der Kleidung – und eben auch in der Sprache.

Für die Konzeption einer Rede ist es sehr wichtig, sich über den Stil Gedanken zu machen, und zwar im Hinblick auf das Publikum wie auch auf sich selbst. Der Stil ist bei der Rede das Instrument, mit dem es gelingen kann, die Botschaft an die Zuhörenden zu bringen. Wichtig ist allerdings, dass der Stil sowohl dem Publikum als auch dem Redner entspricht.

Der Stil dient dazu, sich selbst darzustellen. Er zeigt, wie ein Mensch ist beziehungsweise, wie er wahrgenommen werden möchte. Geschminkt oder gepierct, tätowiert oder rasiert, in Jeans oder im dunklen Anzug: Immer wird eine Aussage über die Person, den Träger dieses Stils, getroffen. Dieser Mensch wird über den Stil wahrgenommen. Ein Redner, der in abgewetzten Cordhosen zu einer Festveranstaltung kommt, sagt den Zuhörern schon durch seine Kleidung, dass er sie und das Ereignis gering schätzt. Oder aber er ist so eine Kapazität, dass man alles hinnimmt, und seine Botschaft lautet: „Ich bin so wichtig, ich kann mir leisten, so vor Euch aufzutreten."

Wer vor ein Publikum tritt, sollte sich darüber klar werden, wie er wahrgenommen werden möchte – und sich entsprechend stilisieren. Jeder von uns verfügt über verschiedene Stile, wir reden mit unseren Kindern anders als mit unseren Partnern, mit unseren Chefs anders als mit den Kollegen, wir ziehen uns zu einer Beerdigung anders an als zum Besuch eines Fußballspiels. Das alles geschieht ganz selbstverständlich und ohne großes Nachdenken. Die Aussage „So bin ich nun mal, ich kann und will nicht anders." greift daher zu kurz, wir können alle anders. Bei aller Stil- und Rollenvarianz darf jedoch die Glaubwürdigkeit nicht auf der Strecke bleiben. Zwar stehen uns verschiedene Stile zur Auswahl – aber eben nicht alle.

Die Überlegungen zu Kleidung und Sprachstil müssen das Publikum einbeziehen. Die Frage ist ja nicht allgemein, wie man gesehen werden möchte, sondern konkret, wie man von den Menschen, vor die man tritt, wahrgenommen werden soll. Die Frage lautet also: Wie muss ich auftreten um zu erreichen, dass die Zuhörerinnen und Zuhörer mich als ... sehen?"

Dabei darf man nicht außer Acht lassen, dass das Publikum ja Erwartungen hat, an die Rede und auch an den Redner. Diesen Erwartungen zu entsprechen, ohne sich selbst dabei zu verleugnen – das ist stilsicher.

Der Stil muss zum Redner passen, die Zuhörer merken schnell, wenn das nicht so ist, sondern etwas aufgesetzt wird, und wenden sich ab. Umgekehrt muss natürlich das Publikum auch durch den Stil angesprochen werden. Ein Volksfest ist keine wissenschaftliche Konferenz und umgekehrt. Wer bei einer akademischen Zusammenkunft wie im Bierzelt redet, hat die Zuhörer sofort verloren – anders herum ist es genauso.

Wie kann man das Publikum ansprechen und wie muss der Redner sich selbst positionieren, um glaubwürdig zu sein? Um die Beantwortung dieser Frage kommt man nicht herum. Sicher, man kann auch die Auffassung vertreten: „Ich bin, wie ich bin. Ich passe mich weder in Kleidung noch Sprache an." Das ist eine ehrenwerte Auffassung. Als Redner sollte man dann allerdings lieber gleich zu Hause bleiben. Da kann man ja auch am besten sein, wie man ist.

Also klären Sie schon vor der Konzeption der Rede verschiedene Fragen: Wer ist das Publikum? Was ist der berufliche, kulturelle oder politische Hintergrund der Zuhörenden? Manchmal lässt sich das so eindeutig nicht sagen, aber Tendenzen lassen sich immer feststellen, also kann man beispielsweise begründet annehmen, dass es sich bei den Zuhörenden überwiegend um ältere Menschen handelt. Das schließt ja nicht aus, dass auch Jüngere im Publikum sind, aber dennoch muss man sich auf die Älteren ausrichten. Wo spielt das eine Rolle? Als erstes natürlich auf der Sprachebene. Aber auch, bei dem, was man voraussetzt, ist es wichtig zu wissen, mit wem man es zu tun hat. Sagt man beispielsweise:

„Willy Brandt ist letztlich nicht an der Guillaume-Affäre gescheitert, sondern an den Tarifauseinandersetzungen mit der ÖTV", erreicht man damit ein älteres Publikum, das Willy Brandt erlebt hat, noch weiß, was die ÖTV war und dem die Guillaume-Affäre in Erinnerung ist. Für junge Menschen muss man anders formulieren.

Wieviel Information setzt man als Redner beim Publikum voraus, wie viele und welche Fremdwörter kann man benutzen? Lässt sich ein englischer Ausdruck oder gar Satz einstreuen oder muss er übersetzt werden? Diese Fragen lassen sich nicht generell beantworten, sondern nur im Hinblick auf ein konkretes Publikum. Eine gute Rede ist immer maßgeschneidert, auch wenn man als jemand, der viele Reden hält, oftmals auf Bausteine zurückgreift. Das ist nicht verkehrt und geht auch gar nicht anders, aber diese Elemente müssen immer sorgsam eingepasst werden – wie das mit Bausteinen ja auch der Fall ist.

Wichtig ist, wie bereits erwähnt, auch, dass die Rednerin oder der Redner selbst stilsicher ist. Sie oder er muss der Erwartung entsprechen, die an sie oder ihn gesetzt wird. Das ist oftmals eine Gratwanderung. Von einem Professor erwartet man ein professorales Auftreten und keine Bierzeltrede, gleichzeitig muss er aber sein Publikum erreichen. Das Publikum möchte am liebsten als Redner „einen von uns", der sich aber andererseits auch von „uns" unterscheiden muss, der also ein Prä hat, das ihn dazu legitimiert, „uns" etwas zu erzählen. Der Redner muss sich dem Publikum anpassen, darf sich aber nicht anbiedern. Wenn er in einer für ihn fremden Umgebung spricht (der Professor im Bierzelt), punktet er beim Publikum eher damit, dass er seine Unsicherheit thematisiert: „Sie werden sich vorstellen können, dass das nicht die Umgebung ist, in der ich normalerweise spreche. Hier vor Ihnen zu stehen, ist für mich daher eine besondere Herausforderung, die ich aber gerne annehme. Dabei hoffe ich auf Ihre Nachsicht."

Auch wenn man das Bild von sich selbst verändern will, wenn also beispielsweise ein Kandidat für eine Wahl, der eher als grauer Fachmann wahrgenommen wird, sich als nahbar, lebensfroh und unterhaltsam profilieren will, muss er bei den Erwartungen starten, die an ihn gerichtet werden. Er kann sich also nicht vor die Parteitagsdelegierten stellen und sagen. „Hey, Leute, ich bin ein echt bunter Vogel und supercool." Er muss vielmehr sein Publikum dort abholen, wo es steht und vor allem, wo es ihn sieht. Es erwartet den Kandidaten Erwin Mausgrau, der ein guter Fachmann für Steuerfragen ist. Erst wenn er diese Erwartung bedient hat, kann er anfangen, sich durch einen lockereren Stil anders zu positionieren.

So unterschiedlich Publikum, Thema und Redner sind, einige Regeln gelten immer:
Bilden Sie keine Schachtelsätze. Ein Leser kann die, wenn er denn will, noch dechiffrieren, indem er sich den Satz noch einmal anschaut. Ein Zuhörer kann bei einer Rede jedoch nicht den „Wiederholen"-Knopf drücken. Setzen Sie das Verb ziemlich an den Anfang des Satzes, so dass der Zuhörer weiß, worum es geht.

---

**So nicht:**

*„Alfons Müller, der seit 2013 Präsident des Verbandes ehrbarer Menschen war und der für sein Engagement für eine wertebasierte Gesellschaft viel Anerkennung in der Öffentlichkeit, wegen seines autoritären Gebarens aber auch heftige Kritik seitens der Landesverbände erhielt, ist gestern von seinem Amt zurückgetreten."*

---

**Besser:**

*„Gestern ist Alfons Müller zurückgetreten. [Das ist nämlich die Hauptaussage.] Er war seit 2013 Präsident des Verbandes ehrbarer Menschen. Mit seinem Engagement für eine wertebasierte Gesellschaft hat er in der Öffentlichkeit viel Anerkennung erfahren. Verbandsintern wurde Müller jedoch heftig kritisiert, die Landesverbände warfen ihm autoritäres Gehabe vor."*

---

Beide Passagen sind so gut wie gleich lang – nur 6 Zeichen Unterschied –, die zweite ist aber viel leichter verständlich.

Formulieren Sie aktiv und nennen Sie Ross und Reiter. Nicht „Der Vorschlag wurde vom Bürgermeister abgelehnt", sondern „Der

Bürgermeister hat den Vorschlag abgelehnt". Sagen Sie nicht: „Ich wurde viermal mit einem Preis ausgezeichnet.", sondern „Ich habe vier Preise gewonnen."

Rhetorische Fragen, bei denen die Antwort schon feststeht, sind ein altes Stilmittel. Sie können genutzt werden, um das Publikum einzubeziehen.

„Wollen wir wirklich zuschauen, wie in Afrika weiterhin Tausende von Menschen jeden Tag verhungern?"

„Wollen wir wirklich rechtsradikalen Schlägertruppen ganze Stadtteile überlassen?"

Natürlich wollen „wir", also der Redner und das Auditorium, das nicht. Die rhetorische Frage schafft Gemeinsamkeit, das „Wir-Gefühl", sie illustriert einen Sachverhalt „Tausende verhungern jeden Tag in Afrika" oder übertreibt ihn auch zur Verdeutlichung „Rechtsradikale Schlägertrupps beherrschen ganze Stadtteile.".

Man kann eine rhetorische Frage auch stellen, um zum nächsten Punkt überzuleiten. In diesem Fall kennt das Publikum nicht die Antwort, hat aber dieselbe Frage:

„Was will ich damit sagen, wenn ich behaupte, die Klimaveränderungen bedrohen unsere Sicherheit?"

Oder:

„Das sind also die Zahlen der Arbeitsagentur, aber was bedeuten sie für den Zusammenhalt der Gesellschaft?"

Dieses Stilmittel ist gut in einer Rede einsetzbar. Aber wie jede Zutat: Zuviel verdirbt den Geschmack, also dosieren Sie die Nutzung rhetorischer Fragen, damit ihre Rede nicht wirkt wie ein Fragebogen.

Etwas anderes sind Lehrerfragen, bei denen das Publikum weiß, dass der Redner die Antwort kennt, aber das Gefühl hat, es solle geprüft werden. In einem verblüffenden Fall „Welches Tier in Afrika ist für den Menschen am gefährlichsten?", von dem man dem Auditorium zudem konzediert, dass es die Antwort nicht kennt, weil es sich mit solchen Fragen nicht beschäftigt, kann das auflockern und Aufmerksamkeit generieren. Die Antwort auf die Frage lautet übrigens: Das Nilpferd; allerdings lässt sie die Malaria übertragende Mücke außer Acht, die jedoch die Menschen nicht aggressiv angreift, sondern deren tödliche Stiche vielmehr ein Kollateralschaden der Nahrungsaufnahme sind. Falls beim Auditorium aber der Eindruck entsteht, der Redner wolle das Publikum prüfen oder gar als ahnungslos vorführen, wird dieses unwillig. Besser ist es daher, rhetorische Fragen nicht direkt ans Publikum zu richten, sondern sie einzupacken.

---

**So nicht:**

*„Warum ist das Spritzenhaus nicht schon vor drei Jahren gebaut worden?"*

---

Der Zuhörer fängt an zu grübeln, ja warum eigentlich nicht, und fühlt sich vielleicht bloß gestellt, weil er die Antwort nicht weiß.

---

**Besser:**

*„Ich frage mich, warum das Spritzenhaus nicht schon vor drei Jahren gebaut wurde."*

oder:

*„Viele fragen sich, warum das Spritzenhaus nicht schon vor drei Jahren gebaut wurde."*

---

„Ich kam am Ort des Geschehens an und verschaffte mir einen Überblick, anschließend ergriff ich Maßnahmen, die zum schnellen Sieg führten." Mit diesem Satz wäre Julius Caesar wohl nicht in die Schulbücher eingegangen. Er sagte aber, der Überlieferung zufolge, „Veni, vidi, vici" – ich kam, sah und siegte –. Dieses Zitat des römischen Kaisers haben viele Generationen Gymnasiasten in der Schule gelernt und es wird auch heute noch gerne als Ausdruck einer schnellen und erfolgreichen Entscheidung benutzt – auch von denen, die über die Schlacht von Zela im Jahre 47 nichts wissen. Es ist kurz und aktiv formuliert, gerade die Kürze drückt auch die Schnelligkeit aus, mit der der Sieg errungen wurde.

Wenn man mehrteilige Verben verwendet, sollte man darauf achten, dass die Teile eng zusammen stehen, sonst verliert der Zuhörer die Orientierung.

> **So nicht:**
> *„Der Landrat schlug, nachdem er die Unterlagen geprüft und mehrere Anhörungen zur geplanten Umgehungsstraße durchgeführt und dabei festgestellt hatte, dass das Verfahren nicht ordnungsgemäß durchgeführt worden war, vor, die Ausschreibung auszusetzen."*

> **Besser:**
>
> *„Der Landrat schlug vor, die Ausschreibung auszusetzen. Er hatte die Unterlagen zur neuen Umgehungsstraße geprüft und auch mehrere Anhörungen durchgeführt. Dabei hat er festgestellt, dass das Verfahren nicht ordnungsgemäß durchgeführt worden war."*

Das ist derselbe Inhalt, aber im zweiten Fall erfährt der Zuhörer sofort das Wichtige und bekommt es dann erläutert. Im ersten Fall weiß er nicht, wohin die Reise geht. „Der Landrat schlug ...". Na was, fragt sich der Zuhörer: seinem Mitarbeiter auf den Kopf, den Weg zum Bahnhof ein, ein Angebot aus?

Vermeiden sollte man auch unnötige Konstruktionen. „Ich habe eine Untersuchung durchgeführt, ..." kann man auch stärker und kürzer sagen: „Ich habe untersucht, ..."

Eine einfache Methode, eine Rede zu verschlanken, ist, die unnötigen Füllsel wegzulassen. Dazu gehört auch, das Publikum immer wieder anzusprechen mit „Meine Damen und Herren" oder „liebe Parteifreundinnen und Parteifreunde". Die Anrede gehört an den Anfang und dann reicht es auch. Die Zuhörenden wissen ja, dass sie gemeint sind. Es gibt Ratgeber, die empfehlen, diese Anrede im Laufe der Rede mehrfach zu wiederholen, um die Tuchfühlung zum Publikum zu halten. Aber entweder wird das Publikum durch die Rede angesprochen oder die wiederholte Anrede hilft auch nichts. Sie wirkt entweder hilflos, wie das bei Parteitagsreden oft der Fall ist. Immer wenn der Redner meint, er brauche mal Beifall, ruft er aus „liebe Parteifreundinnen und Parteifreunde". Brav klatschen die dann auch, aber überzeugender wird die Rede so nicht. In anderen Fällen wird mit der wiederholten Anrede ein neuer Absatz eingeleitet. Statt Nähe schafft die erneute Anrede jedoch eher Distanz, sie sagt eigentlich „So Leute, ich muss mich mal eine Sekunde sammeln und auf mein Manuskript gucken, was als Nächstes kommt, so lange sende ich Euch das Pausenzeichen."

Hüten Sie sich vor Floskeln. Oft hört man in Reden Sätze wie „Ich sage Ihnen jetzt ganz ehrlich ...". Der Redner denkt, er würde damit den Inhalt des Folgenden in besonderer Weise betonen, aber der Subtext lautet: Was ich Ihnen ansonsten in dieser Rede sage ist nicht „ganz ehrlich". Ein Redner würde doch auch nicht sagen: „Ich lüge Sie an, aber jetzt mache ich mal eine Ausnahme." Dann sollte er es auch nicht insinuieren.

Wichtig ist auch, eine bildhafte Sprache zu verwenden, die dem Zuhörer Eindrücke vermittelt, nicht eine blutleere Sprache, die ihm die Eindrücke nur vorgibt.

---

**Ohne Wirkung:**
*„Beim Treffen der Staats- und Regierungschefs war das Essen gut."*

---

Das löst beim Zuhörer aber nichts aus. Besser ist es, ihm die Wertung, dass es gut war, selbst zu überlassen, indem man ihm die Schilderung dazu an die Hand gibt.

---

**Mit Wirkung:**
*„Zum Mittagessen aßen die Staats- und Regierungschefs getrüffelten Rehrücken mit handgemachten Kroketten und frischem Gemüse."*

---

Mmmh, denkt der Zuhörer, das war aber gut. Der Redenberater Markus Franz berichtet in seinem Buch „Reden.Schreiben.Wirken" von der Modedesignerin Coco Chanel. Sie sagte sinngemäß: Wenn jemand ein Kleid von mir trägt und die Leute sagen „schönes Kleid", habe ich etwas falsch gemacht. Wenn die Menschen sagen

„Oh, siehst Du gut aus!", dann war ich erfolgreich.[1] Lassen Sie die Zuhörerenden selbst zu einem Urteil kommen und geben Sie dieses nicht vor. Damit erzielen Sie eine wesentlich größere Wirkung.

Verben, darüber wurde schon gesprochen, gehören, so weit wie möglich nach vorne.

---

**So nicht:**

*„Der Gemeinderat hat die Mittel für den Bau des neuen Spritzenhauses, das dringend notwendig ist und nun seit Jahren diskutiert wird, aus Gründen, die mit der Sache gar nichts zu tun haben, sondern lediglich die politischen Schwierigkeiten beleuchten, die hier im Gemeinderat, der ja sowieso einen zerstrittenen Eindruck macht, herrschen, abgelehnt."*

---

Ja, das kann man sagen – und hoffen, dass der Zuhörer nicht vor dem Ende des Satzes schlapp macht.

---

**Besser:**

*„Der Gemeinderat hat die Mittel abgelehnt, mit denen das neue Spritzenhaus finanziert werden sollte. Diese Ablehnung hat mit dem Thema nichts zu tun. Es sind vielmehr die politischen Schwierigkeiten innerhalb des Rates, die zu dieser Entscheidung geführt haben. Damit wird der Eindruck der Zerstrittenheit bestätigt. Die Öffentlichkeit hat diesen Eindruck ja schon seit Jahren."*

---

Dieser Text ist unwesentlich länger – 375 Zeichen statt 348 –, aber viel klarer. Redner gehören zur Spezies der Säugetiere, das bedeutet, sie müssen atmen. Die Sätze, fordert der Sprachkritiker Wolf Schneider zu Recht, sollten daher auch atemgerecht sein.[2]

Sie erleichtern dem Auditorium auch das Zuhören, wenn Sie auf unnötige Verneinungen verzichten. Man kann sagen: „Das Wetter

---

1) Markus Franz: Reden schreiben wirken – und ganz nebenbei ein besserer Mensch werden, Essen: Puls Verlag 2015, 2.128.
2) Wolf Schneider: Deutsch für junge Profis, S. 136.

ist nicht schlecht." Der Zuhörer wird das übersetzen in: „Das Wetter ist gut." oder, je nachdem, wie Sie den Satz betonen auch in: „Das Wetter ist passabel." Aber es verlangt vom dem Zuhörer eine zusätzliche Schleife: Das Wetter ist nicht schlecht – was ist es dann? – aha, dann ist es gut – also das Wetter ist gut. Während der Zuhörer diese geistige Operation anstellt, reden Sie aber weiter und er soll eigentlich schon Neues aufnehmen. Warum sagen Sie nicht einfach: „Das Wetter ist gut.", wenn Sie doch genau das meinen?

Drücken Sie, wenn immer es geht, die Dinge positiv aus. Damit ist nicht gemeint, nur Positives zu sagen. Das wäre schön, wenn das ginge. Aber unnötige Verneinungen lassen sich vermeiden. Das ist schon mal positiv.

Wie oft hört man jede Woche, eine politische Stellungnahme sei „völlig unerträglich", sie sei „grober Unfug" und „gänzlich unerträglich"? Viele Adjektive und Adverbien können wir uns einfach sparen. Unfug ist Unfug, und gibt es neben grobem Unfug auch feinen? Wenn etwas unerträglich ist, ist es nicht zu ertragen. Mehr beziehungsweise weniger, geht nicht. Vermeiden Sie diese Sprache, die immer noch einen Akzent draufsetzen will, die aber letztendlich die Rede nur zustopft. Wie viele Erbsen passen in ein leeres Glas? Eine, dann ist es nicht mehr leer. Also, um im Bild zu bleiben, Sie müssen nicht an jeder Stelle eine ganze Tüte Erbsen verstreuen. Die Zuhörer rutschen darauf nämlich aus – und ihre Rede mit ihnen.

Vermeiden lässt sich auch, was oft als „Beamtensprache" bezeichnet wird – und so manchem Beamten sicherlich Unrecht tut. Diese Sprache ist umständlich, farblos und schwer verständlich.
„Die Regierung hat im Hinblick auf den Katastrophenschutz eine Reihe von Maßnahmen getroffen."
Dieser Satz ist eine Null-Information, der im günstigsten Fall dann tatsächliche Informationen folgen, zum Beispiel:
„So wurden dem Technischen Hilfswerk 300 zusätzliche Fahrzeuge zur Verfügung gestellt."

Der Zuhörer muss sich aus diesem Wust die Information heraus- klauben. Es wurden dem Technischen Hilfswerk von der Regierung 300 Fahrzeuge zur Verfügung gestellt. Warum also nicht: „Die Regierung hat dem Technischen Hilfswerk 300 zusätzliche Fahrzeuge zur Verfügung gestellt."
Ein Satz und alles ist klar.

Ein bewährtes rhetorisches Mittel ist die Übertreibung. Übertrei- bungen erhöhen die Aufmerksamkeit, aber sie sind auch gefähr- lich, weil sie die Glaubwürdigkeit des Redners einschränken kön- nen. Wenn da 50 Personen vor dem Arbeitsamt warten und der Redner sagt: „Tausende stehen vor dem Arbeitsamt Schlange." hat er seinen Kredit schnell verspielt.
Eine Möglichkeit das Mittel zu nutzen, ohne sich selbst zu be- schädigen, liegt darin, etwas zu übertreiben und es dann zurück- zuholen.
„Wenn das hier so weitergeht, dann stehen bald Tausende vor dem Arbeitsamt. Natürlich ist das jetzt übertrieben, aber die Ent- wicklung geht doch in diese Richtung."

Beim Zuhörer bleibt hängen: „Tausende stehen vor dem Arbeits- amt", auch wenn der Redner diese Behauptung im selben Satz zu- rück nimmt. Der Redner hat sein Tor geschossen, ohne die gelbe Karte für Übertreibung zu kassieren.

Abkürzungen sollte man in Reden nur verwenden, wenn sie wirk- lich äußerst gebräuchlich sind oder wenn sie eingeführt werden. Sicherlich kann man von „Pkw" sprechen, aber mit dem „BIP" ist es schon schwierig. Will man diese Abkürzung verwenden, muss man sie einführen. In einem geschriebenen Text, also einem Arti- kel, lässt sich das so machen: „Das Bruttoinlandprodukt (BIP) ist bei uns um zwei Prozent gewachsen. Für die Entwicklung der Wirt- schaft ist das BIP ein wichtiger Indikator." Dann kann man es im Folgenden als BIP bezeichnen. Im gesprochenen Text geht das nicht. Da muss es heißen: „Das Bruttoinlandprodukt, das ja im Allgemeinen als BIP abgekürzt wird, ist bei uns um zwei Prozent gewachsen. Dieses BIP ist ein wichtiger Indikator für die Wirt- schaft."

Im Deutschunterricht haben wir gelernt, Synonyme zu verwenden, also einmal „Pkw", dann „Auto", dann „Kraftfahrzeug" zu sagen. In einer Rede darf man in dieser Hinsicht nicht zu kreativ sein. Dem Zuhörenden muss bei der Verwendung unterschiedlicher Begriffe völlig klar sein, dass von derselben Sache oder demselben Sachverhalt die Rede ist. Wenn bei ihm Verwirrung eintritt und er anfangen muss zu überlegen, was einen Pkw nun vom Auto unterscheidet, hat er den Faden der Rede schon verloren. In der gesprochenen Sprache bietet es sich daher an, dieselbe Sache auch mehrfach mit demselben Begriff zu belegen. Klarheit geht vor Vielfalt!

Es gibt tolle Präsentationen, die alle Sinne ansprechen: Da wird mit Worten, mit Musik, mit Licht gearbeitet und es werden Filme eingespielt. Solche Möglichkeiten stehen einem normalen Redner nicht zur Verfügung. Er muss seine „sound-and-light-show" durch die Rede abliefern. Umso wichtiger ist es, dass er dieser auch im Ausdruck Farbe verleiht. „Seien Sie sinnlich!", fordert der Redenratgeber Valentin Zahrndt.[1] Und er hat Recht. Je mehr Sinne und je mehr die Sinne angesprochen werden, desto leichter ist es, den Zuhörer mit der Botschaft auch zu erreichen. Also: Setzen Sie Akzente, geben Sie der Rede Farbe, sprechen Sie gefällig, so dass es Musik in den Ohren der Zuhörer ist. Dazu gehören auch Verdeutlichungen, die es dem Zuhörer möglich machen, den Sachverhalt zu begreifen. Wolf Schneider bezeichnet das als „schöne Redundanz". Das Beispiel, das er nennt, ist einleuchtend. Wenn man hört, es seien im letzten Jahr in einer Region 70 Hektar Ackerland verloren gegangen, wird das den allerwenigsten etwas sagen. Der Zusatz: „Das entspricht ungefähr 100 Fußballfeldern." bringt keine neue Information, denn 70 Hektar – genau sind es 71,4 ha – entsprechen 100 Fußballfeldern. Aber die Größe eines Fußballfeldes kennen wir und unter 100 Fußballfeldern können wir uns etwas vorstellen.

Man sollte den Zuhörenden in einer Rede eine Überraschung bereiten. Die Kommunikationswissenschaftlerin Carmine Gallo fordert Redner dazu auf, einen „jaw dropping moment" einzubauen,

---

[1] Valentin Zahrndt: Professional schreiben, S. 39.

also eine Situation, in der einem die Kinnlade herunterfällt. Sie berichtet in ihrem Buch „Talking TED"[1] von einer Rede des Microsoft-Gründers Bill Gates. Gates und seine Frau haben sich dem Kampf gegen Krankheiten verschrieben, wozu auch die Malaria gehört. In einem Vortrag öffnete er ein Einmachglas und ließ Moskitos in den Saal fliegen. Dazu sagte er, die Malaria sei eine oft tödliche Krankheit und werde von den Moskitos übertragen, aber es sei ja nicht einzusehen, dass nur arme Leute gestochen würden. Deshalb würde er sie jetzt frei setzen. Diese Sequenz ist heute noch auf youtube zu sehen: https://www.youtube.com/watch?v=ppDWD3VwxVg.

Zwar hat Gates sofort Entwarnung gegeben, diese Moskitos seien keine Träger der Krankheitserreger, aber noch Jahre nach seiner Rede, die er bereits 2009 hielt, ist dieser Moment in Erinnerung.

Oftmals ist die eigene Rede eingebettet in eine Veranstaltung, in der auch andere zu Wort kommen. Nun kann es geschehen, dass der Vorredner vieles von dem vorweg nimmt, was man selbst sagen wollte. Dann kommen oftmals Sätze wie „Ich kann mich meinem Vorredner nur anschließen." Ja, wenn das so ist, kann man sich auch gleich wieder hinsetzen, denn dann ist ja alles gesagt. Für die Zuhörer ist diese Einleitung, die gelegentlich auch als Anbiederung gedacht ist und eigentlich sagen will „Hey Leute, wir schwimmen auf derselben Welle!", das Signal: Jetzt kommt nichts Neues. Genauso gut könnte man sagen: „Bitte nehmen Sie jetzt Ihre Smartphones zur Hand und lesen Sie Ihre E-Mails!"

Wenn man die Vorrede auch nicht ignorieren kann, sollte man dennoch dem Auditorium klar machen, dass es jetzt was Interessantes zu hören bekommt.

---

**Wenig Spannung:**
*„Ich bin dankbar, dass viele Aspekte unseres Themas schon angesprochen wurden, so dass ich hier anknüpfen kann."*

---

1) Carmine Gallo: Talking TED, ebook S. 273 von 569.

Ein Geschenk ist, wenn Sie sich dem Vorredner keineswegs anschließen können, sondern ganz anderer Ansicht sind. Warten Sie nicht, bis das Publikum selbst darauf kommt, sondern starten Sie mit einem Paukenschlag.

---

**Viel Spannung:**

*„Das waren sehr interessante Ausführungen meines Vorredners, leider sind sie falsch."*

oder:

*„Ich freue mich, dass ich nach Herrn XXX sprechen kann. Das gibt mir die Chance, ihm in allen wichtigen Punkten zu widersprechen."*

---

Damit haben Sie die Aufmerksamkeit des Publikums gewonnen. Ob der Vorredner Sie anschließend allerdings noch auf einen Wein einlädt, ist eine offene Frage. Wenn er Stil hat, tut er es.

Zum Stil gehört auch die Betonung. Eine falsche Betonung kann die beste Rede zerstören. 1988 musste der damalige Präsident des Deutschen Bundestages, Philipp Jenninger zurücktreten, nachdem er anlässlich des Jahrestages der Reichspogromnacht im Bundestag eine Rede gehalten hatte, die allgemein als unerträglich empfunden wurde. Sie sei so zu verstehen gewesen, lautete die Kritik, als habe Jenninger Verständnis für die Verfolgung der Juden in Deutschland gehabt. Wer die Rede nicht gehört hatte, sondern lediglich nachlas, wunderte sich. Das war kein brillantes Stück politischer Analyse, aber die öffentliche Kritik konnte man darin auch nicht wiederfinden. Tatsächlich hatte Jenninger seinen Text so unglücklich betont, dass ihm eine andere Aussage als die sicherlich gewünschte zugeordnet wurde.

Nehmen wir ein einfaches Beispiel. Der Satz: „Der Bürgermeister hat das neue Spritzenhaus verhindert." lässt sich mindestens auf zwei unterschiedliche Arten betonen: „Der BÜRGERMEISTER hat das neue Spritzenhaus verhindert", heißt: Der Verhinderer war der Bürgermeister, nicht die Stadträte oder die Bauplaner oder eine Bürgerinitiative oder wer immer sonst. „Der Bürgermeister hat das neue Spritzenhaus VERHINDERT." sagt hingegen: Obwohl der Bürgermeister vielleicht so tut, als unterstütze er das Projekt, hat er es tatsächlich verhindert.

Man muss eine Rede, sobald sie geschrieben ist, sich selbst vortragen und dabei genau überlegen, was betont sein soll. Auch hier gibt es keine Regel nach dem Motto „Immer das erste Substantiv oder immer das Verb", es kommt vielmehr auf die Aussage an, die man treffen will. Dafür ist es übrigens auch wichtig, die Satzzeichen richtig zu setzen. Satzzeichen sind kein lästiger Formalkram, sie dienen vielmehr dazu, einen Satz zu strukturieren.
„Der Pfarrer sagt der Bürgermeister sei ein Esel."
Ohne Satzzeichen ist nicht zu verstehen, wer nun der Esel sein soll.
Entweder:
„Der Pfarrer sagt, der Bürgermeister sei ein Esel."
Der Pfarrer ist der Sprecher und der Bürgermeister der Esel.
„Der Pfarrer, sagt der Bürgermeister, sei ein Esel."
In diesem Fall spricht der Bürgermeister und bezeichnet den Pfarrer als Grautier.

Es empfiehlt sich, sich von einer schriftlichen Rede eine Arbeitsfassung zu erstellen, in der man die Betonung vorgibt.
„Es ist wirklich <u>dringend</u>, dass wir ein neues <u>Spritzenhaus</u> bekommen."
oder:
„Es <u>ist</u> wirklich dringend, dass wir ein neues Spritzenhaus bekom<u>men.</u>"
oder:
„Es ist <u>wirklich</u> dringend, dass wir ein neues Spritzenhaus bekommen."
oder:
„Es ist wirklich dringend, dass wir ein <u>neues</u> Spritzenhaus bekommen."

Klar, immer geht es um die Dringlichkeit für ein neues Spritzenhaus, aber je nach Situation muss das unterschiedlich betont werden. Braucht man ein Spritzenhaus oder ein NEUES Spritzenhaus? Ist es DRINGEND, was bisher der Öffentlichkeit nicht klar zu sein scheint, oder IST es wirklich dringend, was schon seit einiger Zeit debattiert, aber nicht wirklich ernst genommen wird. Oder ist die Dringlichkeit des Spritzenhauses schon oft beschworen worden, aber es ist WIRKLICH dringend.

Was will der Redner sagen? Das kann er nur selbst wissen. Er sollte nur sicher gehen, dass er es dann auch so ausspricht, dass die Aussage vermittelt wird, die er treffen will.

Man sollte seine Rede vorher üben. So mancher denkt, er habe das nicht nötig – und irrt sich oft gewaltig. In der amerikanischen Erfolgs-TV-Serie „House of Cards" sehen wir oft den – fiktiven – Präsidenten der Vereinigten Staaten von Amerika, wie er in seinem Büro oder Wohnzimmer herumläuft und seine Rede übt. Er probiert verschiedene Betonungen aus, bis er den richtigen Ton gefunden hat. Einige Szenen später sehen wir dann, wie er mit dieser vorab geprobten Rede sein Publikum überzeugt.

Oftmals werden Redner anschließend vom Veranstalter oder der Presse darum gebeten, das Manuskript zur Verfügung zu stellen. Dagegen ist nichts zu sagen, im Gegenteil: Man will ja richtig zitiert werden. Aber es ist natürlich nicht gut, ein Manuskript mit solchen Bearbeitungsvermerken und eventuellen zusätzlichen handschriftlichen Notizen wie „Sehr geehrter Herr Landrat – handschriftliche Notiz 1. Reihe, 3. von rechts" herauszugeben. Daher empfiehlt es sich, von einer schriftlichen Rede ein sauberes Exemplar und ein Arbeitsexemplar bei sich zu haben. Das Arbeitsexemplar ist nur für den Redner, das reine Manuskript kann abgegeben werden.

Im Deutschen Bundestag gilt laut dessen Geschäftsordnung, dass die Redner frei sprechen müssen und nicht vom Blatt ablesen dürfen. Ein Blick in die abendliche Nachrichtensendung zeigt, dass dies selten geschieht. Aber, wenn man eine Debatte verfolgt, merkt man auch, dass diejenigen, die frei sprechen, wesentlich überzeugender wirken, authentischer, packender. Also sollte man etwa gar kein Manuskript erstellen und sich auf seine Intuition verlassen? Davon ist dringend abzuraten. Selbst geübte Redner, die auch den Stoff, über den sie sprechen, gut beherrschen, sind nicht davor gefeit, abgelenkt oder aus dem Konzept gebracht zu werden. Es empfiehlt sich also dringend, eine ausgearbeitete Rede vorliegen zu haben. Auch das Reden mit Stichworten ist gefährlich, weil man schnell das Gefühl für die Zeit und damit auch die Proportionen der Redeanteile verliert. Man verplaudert sich am Anfang und hat dann keine Zeit mehr für den Schluss.

Die Lösung ist freies Reden mit Manuskript. Das ist nur scheinbar ein Widerspruch. Wer ein gutes Manuskript erarbeitet oder erhalten hat, sollte es sich zu eigen machen, so dass er den Stoff vortragen kann, ohne ihn vorlesen zu müssen. Wenn er die wichtigsten Punkte im Skript fett druckt oder anders markiert, kann er die Rede frei halten, verfügt aber über ein Sicherheitsnetz. Kommt der Redner dann aus dem Takt, weil es eine Störung oder einen Zwischenruf im Saal gibt, weil draußen zwei Autos kollidieren oder ein Kind anfängt zu schreien, sieht er mit einem Blick, wo er in seiner Rede steht und wie es weitergeht.

Selbst wenn man die Rede so gut beherrscht, dass man das Skript nicht mehr benötigt, ist es doch vorteilhaft, dem Publikum zu zeigen, dass man über ein Manuskript verfügt. Dies geschieht natürlich nicht, indem man damit herumwedelt ,Schaut her, ich habe ein Manuskript', sondern indem man es diskret vor sich legt. Die Zuhörer sind – mehr oder weniger freiwillig – gekommen, um den Redner zu hören. Sie bewerten es positiv, wenn sie sehen, dass dieser sich offensichtlich darauf vorbereitet hat. Und sollten Sie tatsächlich einmal eine Rede völlig frei halten und gar nicht über ein Manuskript verfügen, nehmen Sie irgendetwas mit, von dem die Zuhörer denken, das sei Ihr Konzept – auch wenn es die E-Mail der Tochter ist, die von ihrem neuen Studienort berichtet.

Die Voraussetzung, mit einem Skript erfolgreich zu arbeiten, ist natürlich, dass man das Geschriebene auch gut lesen kann. Es empfiehlt sich, die Rede auf DIN A 5-Blätter quer zu drucken, und zwar mindestens in Punkt-16-Schriftgröße. Wählen Sie den Zeilenabstand 2. So lässt das Manuskript sich vor und nach der Rede leicht in der Hand- oder Jackettasche verstauen. Vor allem aber ist jede einzelne Seite so überschaubar, dass man sich nicht darin verliert. Und die Schrift ist groß genug, dass man den Text schnell erfassen kann. Deshalb sollte man auf dem Manuskript auch keine Worttrennungen durchführen, sie kosten während des Sprechakts zusätzliche Aufmerksamkeit. Bei aller Liebe zur Umwelt: Sparen Sie beim Ausdruck Ihrer Rede nicht am Papier. Wenn Sie sie nicht gut vortragen, war die ganze Mühe umsonst.

Humor ist die Würze einer jeden Rede, aber wie das mit Gewürzen so ist: zu stark oder falsch dosiert, verstärken sie den Geschmack nicht, sondern verderben ihn. Je nach Gegenstand und Publikum muss man das Gewürz unterschiedlich einsetzen. Eine Festrede im Bierzelt ist etwas völlig anderes als eine Gedenkrede auf der Kriegsgräberstätte. Es gibt also kein Patentrezept nach dem Motto „In jeder Rede muss 15 Prozent Humor enthalten sein." Gerade, wenn man Humor einsetzt, muss man sein Publikum genau beobachten. Geht es mit? Dann kann man auf dieser Schiene weiterfahren. Reagiert das Auditorium zurückhaltend oder gar ablehnend, sollte man es sein lassen. Völlig falsch wäre zu denken, man müsse dann mit größeren Kanonen schießen und die Witze und Bemerkungen etwas krachlederner daher kommen lassen. Ein Redner ist kein Clown, schon gar kein „Comedian". Insofern bietet es sich an, humorige und witzige Stellen im Text so zu kennzeichnen, dass man sie ohne den Fluss der Rede zu zerstören, weglassen kann.

Wichtig und immer geschätzt ist situativer Humor, also die gelassen-heitere Reaktion auf eine Situation oder Zwischenbemerkung. Bedauerlicherweise kann man so etwas nicht ins Redemanuskript schreiben. Manchen ist es gegeben, in einer aktuellen Situation mit Humor zu reagieren, anderen eher nicht. Aber bis zu einem bestimmten Grad kann man das lernen. Lassen Sie nach Abschluss der Rede, auf der Heimfahrt oder in der Badewanne, die Situation noch einmal Revue passieren. An welcher Stelle hätte Ihnen etwas einfallen müssen? Jetzt, bei ruhigem Nachdenken, kommen Sie bestimmt auf eine gute Bemerkung. Für dieses Mal war es zu spät. Aber wenn Sie solche Situationen regelmäßig durchspielen, werden Sie feststellen, dass man auch Schlagfertigkeit lernen kann.

Überhaupt sollten Sie nachdem Sie eine Rede gehalten haben, diese noch einmal für sich selbst nachhören. Seien Sie selbstkritisch: War die Rede gut oder „ging so"? Was hat funktioniert, was nicht? Wo hätten Sie deutlicher sein müssen? Wo ist das Publikum mitgegangen? Das alles hilft Ihnen, die nächste Rede noch besser aufzubauen. Haben Sie eine vertraute Person, mit der Sie so etwas besprechen können? Nutzen Sie diese Chance – vorher, indem sie diejenige oder denjenigen bitten, Ihren Skript zu lesen, und hinterher durch die Bitte, ihnen ein unverblümtes Feedback zu geben. „Nach dem Spiel ist vor dem Spiel", wurde der legendäre Fußballnationaltrainer Sepp Herberger oft zitiert.

Das gilt auch für Sie: Nach der Rede ist vor der Rede, denn die nächste Rede kommt bestimmt.

## 5. Kapitel

### Am besten selbst versuchen

Vielleicht vermissen Sie jetzt eine Musterrede, in der alle positiv
beschriebenen Elemente berücksichtigt sind. In gewisser Weise ist
eine Musterrede jedoch ein Widerspruch in sich selbst. Die allge-
meine Rede gibt es nicht, die muss vielmehr, darüber wurde ja
ausführlich geschrieben, auf die Zielgruppe und die bei ihr beab-
sichtigte Wirkung und auf die Persönlichkeit des oder der Redenden abgestimmt sein.

Aber versuchen Sie sich doch mal an einer Rede über die Freiwillige Feuerwehr Bommelbach. Die tapferen Feuerwehrleute in
dem kleinen Ort haben das sicherlich verdient.

Gehen Sie von folgender Ausgangslage aus:
Die Freiwillige Feuerwehr Bommelbach feiert ihr 75-jähriges Jubi-
läum. Es ist also ein festlicher Anlass. Gleichzeitig schaut die
Freiwillige Feuerwehr nicht sorgenlos in die Zukunft. Die Zahl der
Freiwilligen sinkt, ein neues Spritzenhaus ist wegen der ange-
spannten Gemeindefinanzen in weite Ferne gerückt. Sie sind ein
Redner von außerhalb, der aber auf die Situation keinen Einfluss
hat.

Wie würden Sie es machen?
Was wäre Ihre Botschaft?
Vorschlag:
Auch im 21. Jahrhundert ist es wichtig, dass die Menschen sich
ehrenamtlich engagieren.
Vorschlag für die Ich-Botschaft:
Ich bin ein kompetenter Redner, der an ehrenamtlichem Engage-
ments interessiert ist.

Was wäre Ihre Einleitung?
Vorschlag:
Habe Rundgang durch den Ort gemacht, sehr schön, habe mir gedacht: Schade, wenn da was abbrennt, und gut, dass es eine Freiwillige Feuerwehr gibt.

Was wären Ihre drei Punkte im Hauptteil?
Vorschlag:
1. Gratulation zum Jubiläum und Anerkennung für die Leistung
2. Bedeutung der Mitarbeit bei der Freiwilligen Feuerwehr für die Gemeinschaft, aber auch für diejenigen, die mitmachen. Die Zusammenarbeit in der Freiwilligen Feuerwehr ist auch ein gutes Instrument der Integration.
3. Die Gemeinschaft, hier die politische Gemeinde, darf die Feuerwehrleute aber nicht alleine lassen, sondern muss sie unterstützen, beispielsweise beim Bau eines neuen Spritzenhauses.

Was wäre Ihr Schluss?
Vorschlag:
Wir kennen den Ausdruck „win-win-Situation" für Geschäfte, bei dem beide Seiten gewinnen. Hier haben wir eine win-win-win-Situation, es profitieren die Bürger, die geschützt werden, die Gemeinde, die ihre Feuerwehr günstig organisiert bekommt, und die Feuerwehrleute, die Gemeinschaft und Kameradschaft erfahren und neue Kompetenzen ausbilden.

So jetzt fehlen noch eine Neuigkeit und ein Aha-Effekt.
Vorschlag für die Neuigkeit:
Die Berliner Feuerwehr, die größte in Deutschland, hat fast 4.000 Mitarbeiter – und zusätzlich rund 1.400 Angehörige von Freiwilligen Feuerwehren.
Vorschlag für den Aha-Effekt:
Die Berliner werben um Freiwillige für die Feuerwehr mit dem Slogan „Wer nicht wirbt, der stirbt."

Aber, das sind nur Vorschläge. Man kann es auch ganz anderes machen.
Probieren Sie es doch einmal aus!

## Kurt Tucholskys kurzer Ratgeber

### Ratschläge für einen schlechten Redner[1]

Fang nie mit dem Anfang an, sondern immer drei Meilen vor dem Anfang!
Etwa so:
„Meine Damen und meine Herren! Bevor ich zum Thema des heutigen Abends komme, lassen Sie mich Ihnen kurz ..."

Hier hast du schon so ziemlich alles, was einen schönen Anfang ausmacht: eine steife Anrede; der Anfang vor dem Anfang; die Ankündigung, daß und was du zu sprechen beabsichtigst, und das Wörtchen kurz. So gewinnst du im Nu die Herzen und die Ohren der Zuhörer.

Denn das hat der Zuhörer gern: daß er deine Rede wie ein schweres Schulpensum aufbekommt; daß du mit dem drohst, was du sagen wirst, sagst und schon gesagt hast. Immer schön umständlich!

Sprich nicht frei – das macht einen so unruhigen Eindruck. Am besten ist es: du liest deine Rede ab. Das ist sicher, zuverlässig, auch freut es jedermann, wenn der lesende Redner nach jedem viertel Satz mißtrauisch hochblickt, ob auch noch alle da sind.

Wenn du gar nicht hören kannst, was man dir so freundlich rät und du willst durchaus und durchum frei sprechen ... du Laie! Du lächerlicher Cicero! Nimm dir doch ein Beispiel an unsern professionellen Rednern, an den Reichstagsabgeordneten – hast du die schon mal frei sprechen hören? Die schreiben sich sicherlich zu Hause auf, wann sie „Hört, hört!" rufen ... ja, also wenn du denn frei sprechen mußt:
Sprich, wie du schreibst. Und ich weiß, wie du schreibst.

[1] Kurt Tucholsy: Ratschläge für einen schlechten Redner, in: Lerne lachen ohne zu weinen, Berlin 1932, S. 323–326. Der Text erschien zuerst in der Vossischen Zeitung vom 16.11.1930 und steht online zur Verfügung unter: https://de.wikisource.org/wiki/Ratschläge_für_einen_schlechten_Redner; letzter Zugriff: 10.8.2016.

Sprich mit langen, langen Sätzen – solchen, bei denen du, der du dich zu Hause, wo du ja die Ruhe, deren du so sehr benötigst, deiner Kinder ungeachtet, hast, vorbereitest, genau weißt, wie das Ende ist, die Nebensätze schön ineinandergeschachtelt, so daß der Hörer, ungeduldig auf seinem Sitz hin und her träumend, sich in einem Kolleg wähnend, in dem er früher so gern geschlummert hat, auf das *Ende* solcher Periode wartet ... nun, ich habe dir eben ein Beispiel gegeben. So mußt du sprechen.

Fang immer bei den alten Römern an und gib stets, wovon du auch sprichst, die geschichtlichen Hintergründe der Sache. Das ist nicht nur deutsch – das tun alle Brillenmenschen. Ich habe einmal in der Sorbonne einen chinesischen Studenten sprechen hören, der sprach glatt und gut französisch, aber er begann zu allgemeiner Freude so: „Lassen Sie mich Ihnen in aller Kürze die Entwicklungsgeschichte meiner chinesischen Heimat seit dem Jahre 2000 vor Christi Geburt ..." Er blickte ganz erstaunt auf, weil die Leute so lachten.

So mußt du das auch machen. Du hast ganz recht: man versteht es ja sonst nicht, wer kann denn das alles verstehen, ohne die geschichtlichen Hintergründe ... sehr richtig! Die Leute sind doch nicht in deinen Vortrag gekommen, um lebendiges Leben zu hören, sondern das, was sie auch in den Büchern nachschlagen können ... sehr richtig! Immer gib ihm Historie, immer gib ihm.

Kümmere dich nicht darum, ob die Wellen, die von dir ins Publikum laufen, auch zurückkommen – das sind Kinkerlitzchen. Sprich unbekümmert um die Wirkung, um die Leute, um die Luft im Saale; immer sprich, mein Guter. Gott wird es dir lohnen.

Du mußt alles in die Nebensätze legen. Sag nie: „Die Steuern sind zu hoch." Das ist zu einfach. Sag: „Ich möchte zu dem, was ich soeben gesagt habe, noch kurz bemerken, daß mir die Steuern bei weitem ..." So heißt das.

Trink den Leuten ab und zu ein Glas Wasser vor – man sieht das gerne.

Wenn du einen Witz machst, lach vorher, damit man weiß, wo die Pointe ist.

Eine Rede ist, wie könnte es anders sein, ein Monolog. Weil doch nur einer spricht. Du brauchst auch nach vierzehn Jahren öffentlicher Rednerei noch nicht zu wissen, daß eine Rede nicht nur ein Dialog, sondern ein Orchesterstück ist: eine stumme Masse spricht nämlich ununterbrochen mit. Und das mußt du hören. Nein, das brauchst du nicht zu hören. Sprich nur, lies nur, donnere nur, geschichtele nur.

Zu dem, was ich soeben über die Technik der Rede gesagt habe, möchte ich noch kurz bemerken, daß viel Statistik eine Rede immer sehr hebt. Das beruhigt ungemein, und da jeder imstande ist, zehn verschiedene Zahlen mühelos zu behalten, so macht das viel Spaß.

Kündige den Schluß deiner Rede lange vorher an, damit die Hörer vor Freude nicht einen Schlaganfall bekommen. (Paul Lindau[1] hat einmal einen dieser gefürchteten Hochzeitstoaste so angefangen: „Ich komme zum Schluß.") Kündige den Schluß an, und dann beginne deine Rede von vorn und rede noch eine halbe Stunde. Dies kann man mehrere Male wiederholen.

Du mußt dir nicht nur eine Disposition machen, du mußt sie den Leuten auch vortragen – das würzt die Rede.

Sprich nie unter anderthalb Stunden, sonst lohnt es gar nicht erst anzufangen.

Wenn einer spricht, müssen die andern zuhören – das ist deine Gelegenheit.
Mißbrauche sie.

## Ratschläge für einen guten Redner

Hauptsätze. Hauptsätze. Hauptsätze.
Klare Disposition im Kopf – möglichst wenig auf dem Papier.

Tatsachen, oder Appell an das Gefühl. Schleuder oder Harfe. Ein Redner sei kein Lexikon. Das haben die Leute zu Hause.

Der Ton einer einzelnen Sprechstimme ermüdet; sprich nie länger als vierzig Minuten. Suche keine Effekte zu erzielen, die nicht in deinem Wesen liegen. Ein Podium ist eine unbarmherzige Sache – da steht der Mensch nackter als im Sonnenbad.

Merk Otto Brahms Spruch: Wat jestrichen is, kann nich durchfalln.

## Literatur

Franz, Markus: Reden schreiben wirken – und ganz nebenbei ein besserer Mensch werden. Essen 2015.

Gallo, Carmine: Talk like TED. The 9 Public Speaking of the World's Top Minds. New York 2014.

Klotzki, Peter: So halte ich eine gute Rede. In 7 Schritten zum Publikumserfolg. 2. Auflage, München 2012.

Köhler, Hans-Uwe L.: Die perfekte Rede. So überzeugen Sie jedes Publikum. Offenbach 2011.

Mentzel, Wolfgang/Rosenbauer, Frank: Reden und Ansprachen. Freiburg 2012.

Schneider, Wolf: Deutsch für junge Profis. Wie man gut und lebendig schreibt. 7. Auflage, Reinbek 2016.

Schneider, Wolf: Deutsch für Profis. Wege zum guten Stil. 23. überarbeitete Auflage, München 2001.

Tucholsky, Kurt: Lerne lachen ohne zu weinen. Berlin 1932.

Zahrndt, Valentin: Professional schreiben. Schneller – besser – kürzer. Berlin 2013.